대치동 이선생의
싸우지 않고 영재고 보내기

대치동 이선생의
싸우지 않고 영재고 보내기

이의균 지음

프로방스

추천사

과학고를 졸업한 아버지가, 아들과 다투지 않고 한과영 진학으로 이끈 과정을 담은 이 책은 단순한 입시 지침서가 아니라, 자녀와 부모가 신뢰를 쌓으며 함께 성장해 가는 여정을 보여주는 따뜻한 기록이다. 학생들을 가르치는 KAIST 교수로서 또 초등학생 딸을 키우는 아버지로서, 이 책을 읽으며 많은 공감을 얻었다. 특히 입시 점수만을 중시하는 교육이 아니라, 대학 이후에도 창의적이고 주체적인 인재로 멋지게 살아갈 수 있도록 돕는 방법이 곳곳에 담겨 있다.

KAIST 기계공학과 교수
김영진

추천사

이 책은 영재고 입학을 준비하는 한 가족의 진솔한 이야기를 담고 있으며, 교육의 본질인 '스스로 생각하고 탐구하는 힘'을 잘 보여준다. 이공계 교수로서 깊이 공감하며, 학생과 학부모뿐 아니라 미래 인재 양성에 관심 있는 모든 교육자에게 추천한다.

포항공과대학교 화학공학과 교수
이정욱

프롤로그

이 책을 펼쳐 주신 여러분, 안녕하세요.

저는 스스로 특목고 졸업자, 한 아이의 아빠이자, 오랫동안 학생들을 가르쳐 온 과학 선생입니다. 과학고 졸업 후 KAIST에서 전산학을 공부했습니다. 이후 대치동과 분당에서 십 년 넘게 과학을 가르치면서, 수많은 아이들과 학부모님들을 만나왔습니다. 다양한 경험 속에서, 저는 아이들을 어떻게 대해야 하는지, 어떻게 해야 아이들이 건강한 마음으로 공부할 수 있는지를 끊임없이 고민해 왔습니다.

하지만 제 삶에 진정한 변화가 찾아온 건 제 아이가 태어난 순간부터였습니다. 직접 아이를 키우며, 저는 과거에 봤던 이론과 현실 사이의 격차를 몸소 경험했습니다. 대치동과 분당의 교육 현장에서 제가 좋다고 믿었던 방식이 실제로 우리 아이와의 관계 속에서 모두 유효한 것은 아니었습니다. 때로는 시행착오도 있었고, 때로는 고민도 깊었습니다.

그렇게 저는 더 좋은 아빠가 되고 싶었고, 아이와 함께 성장하고 싶었습니다. 아이가 스스로 원하는 공부를 찾고, 행복하게 꿈을 이뤄갈 수 있도록 진심으로 돕고자 했습니다. 강요나 부담 대신, 이해와 소통을 통해 서로가 성장하는 길을 찾아갔습니다. 다행히 이러한 노력이 쌓여 제 아이는 이번 여름, 바라던 영재학교에 합격하는 기쁨을 맛볼 수 있었습니다.

이 책에는 바로 그러한 과정에서 제가 직접 경험하고 검증한 '진짜 우리 가족에게 효과 있었던 방법들'이 담겨 있습니다. 이 방법들이 모든 가정에 똑같이 적용될 수는 없겠지만, 최소한 여러분께 새로운 시각과 작은 힌트를 드릴 수 있으리라 믿습니다.

제가 겪었던 고민과 발견들이 여러분 가정에도 작은 빛이 되어, 아이와 부모님이 함께 더 행복하고 의미 있는 길을 찾을 수 있기를 진심으로 바랍니다.

감사합니다.

어떤 준비가
성공적인 영재학교 입시 준비일까?

성공은 뭐고 실패는 뭘까?

영재고를 준비하는 다수의 학생들이 초등 고학년 때부터 수학에 올인한다. 중학교 고난도 문제, 올림피아드 문제를 넘어서 고등 수학까지 마스터를 하고 있는 실정이다. 중학교 1학년부터는 고등 수준 과학까지 더해져 수과학에 올인하는 삶을 3년간 살게 되는 것이다.

영재학교 평균 경쟁률은 6:1에 육박한다. 과학고 평균 경쟁률은 3.5:1 수준이다. 특히 영재고 준비생이 많은 수도권에서 서울은 4:1 이상, 경기북과학고는 8:1 수준.

정말 열심히 하고 운도 따라주어 합격했다 하더라도 기형적인 준비과정에서 문해력, 영어실력, 사회 과목을 포함해 세상을 이해하는 수준은 낮을 수 있다.

또 6명 중 5명은 자사고/일반고를 다니며 내신관리/수능준비를 해야 하는 상황이 될 것이다. 전 과목을 탄탄히 공부한 친구들과 오히려 더 뒤처진 상황에서 경쟁해야 하는 상황이 될 확률이 더 높다. 실제로 이런 상황에서 수학·과학 이외의 과목에서 너무 낮은 점수를 받고 충격을 받아 결국 중위권에서 헤어 나오지 못하는 경우도 왕왕 있다.

그렇다면 합격했다고 다 성공이라고 할 수 있을까? 여섯 명 중에서 다섯 명은 실패하는 게임일까? 꼭 그렇지만은 않은 것 같다.

나는 이 길을 먼저 걸었던 선배로서, 그리고 비슷한 길을 걸었던 친구들과 나의 학생들을 지켜보면서 다음과 같은 몇 가지 이유로 아들에게 영재학교 입시를 권했었다.

공부 머리가 트이는 것

공부 좀 해봤다는 사람은 누구나 아는 안개가 걷히는 그 순간! 파편적으로 알고 있었던 것이 싸악 연결되면서 득도라고 부를 만한 일이 어느 한순간 일어난다. 공부를 하다가 씨익 웃게 되는 미친 것 같은 즐거움은 그것을 느껴본 사람만이 공감할 것이다. 부디 우리 아이들이 이런 경험을 하길 바라자. 이런 순간은 재능에 따라 차이는 있겠지만, 수학에서 말하자면, 나나 내 아이 모두 한두 달 해서 얻은 것은 아니었다. 일이 년이라고 말하는 것이 적절하겠다. 분명 중학 과정이긴 하지만, 끝도 없이 깊이 만들어놓은 문제들을 잡고 최소 시간 단위, 어쩌면 일 단위로 시간을 들이며 시도한다. 밥을 먹으면서도 생각하다가 번뜩 떠오르는 방법이 맞았을 때, 그 기쁨과 만족감은 게임에 비할 수 없다. 이런 짓을 수백 번 정도 하다 보니 어느새 그런 순간이 왔던 것 같다.

논리적 사고가 몸에 배었을 것이고, 차원이 다른 근성도 익혔다. 특목고 준비과정에서 얻게 된 이 경험이야말로 합격여부에 관계없이, 누구도 뺏을 수 없는 큰 자산이라고 생각한다.

자신의 한계를 시험해 보는 것

쉬운 길이 아니다. 겨울 이후로는 정말 분초를 아껴서 써야 하고, 내일의 체력을 당겨쓰지 않으면 해야 할 것을 할 수 없다. 이 과정에서 자연히 자신의 한계를 알게 된다. 커피 한 잔 마시거나 혹은 비타500 하나 마시고 딱 앉으면 몇 시간 할 수 있다. 중간에 세수 한 번, 체조 한 번 하면 언제까지 버틸 수 있다. 어느 정도 무게의 탐구 주제를 잡고 며칠 씨름하면 어떤 수준의 탐구보고서도 쓸 수 있다. 자신에 대한 메타인지가 발달한다는 이야기다. 앞으로 어떤 새로운 공부나 업무를 받더라도 말도 안 되게 낙관적이거나 비관적으로 접근하는 일은 없을 것이다.

균형 잡힌 공부를 하는 것

이것은 보통의 영재학교 입시 로드맵과는 거리가 좀 있고, 내가 예전에 했던 것과도 꽤나 거리가 있었다. 나는 고등학교 때까지 책을 거의 읽지 않았고, 수학·과학 위주로만 공부했었다. 그 결과 영어도 언제나 콤플렉스였고, 세상을 보는 눈도 좁아 특히 20대를 소홀히 보내게 되었던 것 같다. 오히려 공부를 골고루 하고 다방면의 책을 읽었던 친구들이나 제자들이 동일한 문제를 접하더라도 훨씬 폭넓고 깊은 이해를 보여주었다. 그리고 이런 아쉬웠던 점을 참고해 육아를 한 결과도 매우 좋았다.

성공의 재정의

우리는 우리의 성공을 다시 정의해야 한다. 합격이 최선이겠지만, 불합격이 실패인 것도 아니다.

내가 말하는 성공은 영재학교에 합격하는 것에 초점이 맞춰져 있지 않다. 여러 과목에 대해 균형 잡힌 공부를 하고, 나아가 어떤 공부를 해야 하는 상황에서도 이를 흡수할 수 있는 자신감과 경험을 쌓는 것. 이를 통해 어떤 유형의 학교로 진학하더라도 학교 내 혹은 전국적으로 상위권에 있는 쟁쟁한 친구들과 어깨를 나란히 할 수 있는 것이다.

부자 관계를 파탄 내지 않으면서도 할 수 있다

대치동에서 수능 과학 파이널 문제풀이 강의 중 학생별 상담시간이 있었다. 학부모와 동석하는 자리였다. 쾌활하면서 수업태도가 좋은 친구였고, 어머니도 매너있는 분이셨는데, 둘 사이는 오뉴월에 서리가 내릴 정도로 차가웠다. 서로가 주고받는 말은 칼날 같았고, 앞에 앉아있는 것이 민망할 정도였다.

한번은 과외하던 한 학생이 PC방에 갔다가 나에게 잡혀 집에 같이 방문한 적이 있었다. 그런데 유명 대학병원의 의사선생님이었던 아버지는 나에게 "포기하세요. 해도 안되는 아이입니다."라고 면전에서 이야기했다. 둘 사이에는 무슨 일이 얼마나 있었던 걸까?

그런데 이런 부모 자식 간의 파탄 난 관계를 대치동과 분당에서 너무 많이 목격할 수 있었다. 나 역시 중학교 때 부모님과의 관계가 살가운 편은 아니었다.

아무리 사춘기 시기라고 하지만, 이렇게까지 틀어지지 않고 공부를 시킬 수는 없는 걸까? 꼭 좋은 관계와 좋은 결과 중 하나를 선택해야 하는 걸까? 소중한 아이를 낳고 기르면서 나는 이 이상한 이분법적 구도에 도전해 보고 싶었다. 그리고 지금, 어느 정도 성공했다고 생각하고 이 과정을 다른 사람들과 꼭 공유하고 싶었다.

차 례

추천사 ·· 4
프롤로그 ··· 6
어떤 준비가 성공적인 영재학교 입시 준비일까? ······················ 8

제1부_ 실전 수기

처음으로 수학학원에 가다 ··· 20
목표가 생겼다 ·· 23
중2 여름 - 학원을 바꾸다 ·· 26
이미 출발한 열차, 내릴 역은 없다 ·· 28
3월, 첫 슬럼프 ·· 30
학교를 정하고 원서를 쓰다 ··· 32
마지막 100일 - 분위기 환기, 기출, 복습 ······························· 34
면접전형을 준비하며 ·· 37
면접 1일 차 - 엑스텐 적중 ·· 41
면접 2일 차 - 모든 것을 평가받다 ··· 45
25 한과영 입학식 - 입시 해방식을 끝내고 ···························· 49

제2부_ 유초중 영재고 로드맵

이 길로 꼭 들어서야 하는 것일까? ······································· 52
5~7세 영어공부 - 초등까지 놓지 말고 계속 다지기 ··············· 56

초등 저학년 - 자제력과 통제를 배우는 시간 ·················· 58
초등 고학년 - 탐구, 코딩, 책 읽기, 수학 ··················· 63
중학생 - 완전히 새로운 세계로의 진입 ····················· 66
중2 여름~중3 여름 - 막판 스퍼트 ························· 69
이 로드맵은 정답이 아닙니다. 당연히 ······················ 70
영재고에 들어가는 좁은 우회로 - 특별 전형 ················ 72
중학교 입학 후 입시를 결정했다면 ························ 77
고입 간략 정리 - 영재고·과학고·자사고 ···················· 81
어디서 키울까? 대치동 vs 분당, 학군지 vs 비학군지 ········· 85

제3부_ "진짜 공부"에 대한 불편한 진실을 마주하자

공부와 집중력의 본질 ·································· 92
머리에 남는 공부법 ···································· 96
부모 스크린타임이 아이 성적을 결정한다 ·················· 100
풀가동·풀휴식: 완급조절이 성적 곡선을 바꾼다 ············· 103
거실·독서실·카페, 어디서 집중이 폭발할까? ················ 105
협박하는 학원을 피하자 ································ 109

제4부_ 효과가 좋았던 공부 꿀팁

도대체 얼마나 공부를 해야 갈 수 있을까? ················· 114
실패할 수 없는 궁극의 내신 대비 ························ 118

명절 4일 = 약점 과목 1개 끝내기 프로젝트 ·················· 123
낮잠 40분, 밤 2시간을 벌다 ································· 126
가고 싶은 학교, 김칫국 마시며 견학하기 ···················· 129
쉬운 것에 안주하지 않는다. "레벨 업을 부르는 '성공 털기' 습관" ········ 133
공부 방해하는 4대악 TV, YouTube, SNS, Game - 어떻게 합의할까? ··· 137

제5부_ 영역별 공부 전략

책 읽기 feat. 독서파티 ······································ 142
수학 - 좋은 풀이 배우기 ···································· 148
계산 실수를 줄이는 법 - 비난을 왜 해? ······················ 152
KMO, 영재고 입시를 위해 꼭 해야 하나? ···················· 157
특목고를 위한 초·중등 코딩 공부는 어떻게 하면 좋을까? ········· 161
영재고 대비 탐구 준비 ······································· 170
영재고 탐구 준비 - 탐구 체력 향상 가이드 ··················· 176
베일에 쌓인 교사 추천서, 어떻게 공략할까 ··················· 180
영어공부 - 영재고 입시랑 무슨 상관? ························ 186

제6부_ 부모 성장 & 관계 기술

칭찬이 사라진 대치동에서 아이를 살린 한마디················· 196
부모가 먼저 사과하면 생기는 기적 ··························· 200
숨겨진 SOS 신호, 거짓말로 읽어내기························· 202

남자아이 사로잡는 양육법, 룰 세우기 · 205
잔소리 없이 분위기 잡는 방법 - 알지만 힘들죠? · · · · · · · · · · · · · · · · · 208
사춘기 아이 프라이버시 존, 어떻게 지켜줄까? · · · · · · · · · · · · · · · · · · · 210
엄마는 가속, 아빠는 브레이크? 합의의 기술 · 215
가르쳤던 학생의 학부모에게 보내는 마음 · 218
아들과 헤어지는 중입니다 · 220

제7부_ 아이에게 보내는 편지

영재반 공부를 시작하고 · 224
3학년 파이널 준비 중 · 226
2단계 시험장에 들여보내 놓고 · 227
합격 후 · 229

에필로그 · 231

부록

생각을 풍부하게 해주었던 필독서 · 234
재밌고 도움도 되는 유튜브 채널 · 244

제1부

실전 수기

초등 고학년 때부터 특목고를 염두에 두었던 마음, 본격적으로 준비한 2년 정도의 시간 동안 있었던 일들을 먼저 털어놓는다. 겉으로 표현하긴 힘들었지만, 조금 잘하면 한없이 들뜨고, 가능권에서 벗어나면 쪼그라들었던 마음들도 이제는 솔직하게 써 본다. 그대로 따라 할 필요도 없지만, 내가 울퉁불퉁 갔던 길을 보고 후배들이 조금은 시행착오를 덜 겪었으면 한다.

처음으로 수학학원에 가다

중학교 1학년이 되어서야 처음으로 수학학원에 보냈다.

초등 고학년 때부터 글이 많이 있는 수학책(핀란드 수학 교과서)으로 중학교 수학을 두 번 공부했다. 이후 A급 수학을 차근차근 풀었다. 딱히 강의를 듣거나 학원을 가지는 않았고, 푸는 양도 무리가 없을 정도였다. 중1 여름방학이 가까워졌을 때쯤에는 3학년 책까지 한 번 정도 볼 수 있었다.

이 시기까지는 프로그래밍 공부를 많이 했었다. 〈백준 문제풀이〉를 주기적으로 했고, 취업준비생 수준의 기초 인강도 몇개 들었다. 그리고 재미있는 프로젝트도 좀 하면서 비교적 여유롭게 보냈었다. 봄에는 경기도 융합과학교육원에서 주최하는 탐구대회에 참가하고, 이어진 한국코드페어에도 출전했다. 겉으로 보기에 화려하기보다는 수학적으로 의미 있는 주제를 선정해 지평을 넓히는 계기로 삼았다. 영과고 1단계에서 진지한 탐구 경험이 필요하기도 해서, 뒤돌아보니 여러모로 좋았던 것 같다.

여름방학이 가까워질 때쯤, 중학 교과수준에서는 고난도인 A급 수학도 끝나고 뭔가 한 단계 더 올라갔으면 하는 생각이 들었다. 너무 멀리까지, 영과고를 꼭 가야 한다고 생각하지 말고 수학 공부를 더 깊이 한다는 기분으로 영재학교 준비코스에 들어가면 어떻겠냐고 권했다. 입시반이 크지는 않지만, 철학이 좋아 보이는 정자동 학원에서 레벨테스트를 보게 했다. 성적은 아쉽게 받았지만, 상담 후 다행히 합류할 수 있었다.

이미 초등학교 고학년 때부터 준비하던 아이들과 같이 수업을 듣게 되어 너무 힘들었다. 모든 숙제 문제가 A급 A스텝 수준 이상이었고, 문제를 풀기 위한 기본 공식들(교과과정은 넘지만 입시를 위해 다들 아는 공식)도 너무 모르는 상태였다. 나도 이런 수학을 30년 만에 다시 보는 거라 도와줄 수도 없었다. 같이 낑낑대며 고민해 주는 정도밖에 할 수가 없었다. 급기야 학원에 상담을 가서, 당분간 너무 벅차니 숙제를 반 성노만 해가겠다고 양해를 구했다. 숙제가 줄어든 대신, 한 문제 한 문제를 충분히 고민하고, 서술도 예쁘게 해서 가도록 가이드했다. 방학 한 달간 정말 정신없이 수학만 했던 것 같다.

　가을 스케줄은 수학-영어-약간의 코딩으로 구성되어 있었다. 영어는 화요일, 목요일 3시간씩 학원에 가면서 여기서 나오는 숙제 정도를 했고, 코딩은 교내 과학탐구대회에서 유전자풀을 코딩으로 풀어낸 게 다였다. 나머지 대부분의 시간은 수학에 할애되었다. 어느 정도 문제 유형에 익숙해지고 계산이 손에 익으면서 수학 숙제 양을 늘릴 수 있었다.

목표가 생겼다

아이는 점점 더 진지하게 영재고를 목표로 고민하고 있었다. 아무래도 쟁쟁한 친구들과 함께 몇 개월 수학을 공부하면서 목표가 스며들고 구체화되었나 보다. 바랐던 효과이고 내심 목표가 생겼다는 것에 기뻤다. 이때와 그 이후로도 가끔 수·과학이 길이 아닌 것 같으면 꿈을 바꿔도 된다고 수차례 이야기해 주었다. 영어를 좀 하니 외고를 가도 되고, 좀 늦었지만 예능을 하고 싶으면 무섭지만(?) 해도 된다고 했다. 그래도 "영재고 한번 해볼게!"라고 답했다.

만족하고 다니던 영어학원이 2학년 때 더 이상 성반이 안 되어 그만둘 수밖에 없었다. 겨울방학에다 영어가 빠지면서 생긴 시간은 수학에도 좀 더 투자하고, 학기 중에 좀 소홀했던 코딩 쪽으로도 할애했다. 이때가 아니면 못 할 것 같아서, AI 관련 인터넷 강의를 아이와 같이 한 코스를 보았다. 나도 처음 접하는 영역이었는데, 거의 대학 수준의 행렬, 미분, 확률 통계에 관한 수업이었다. 힘들었지만 꾸역꾸역 듣고, 적당한 주제를 잡아 작은 프로젝트도 하나 진행했다.

한과영은 22년(23학번)부터 장영실 전형이 생겼다. 20%라는 작지 않은 비율을 특정 주제에 푹 빠져서 성과를 냈던 친구들로 뽑는 전형이다. 우리는 코딩에 관해 여러 가지 재미있는 탐구들을 했으니 한번 넣어보기로 했다. 3월 말부터 포트폴리오를 정리해 서류를 내었고, 6월 말 면접까지 탐구에 관한 질문지들을 뽑으며 면접 준비를 했다. 결과는 면접도 못 보고 불합격 - 정확히는 일반전형 2단계 지필 기회만 얻을 수 있었다.

돌이켜보면 참 아쉬웠던 시기였던 것 같다. 이때 수학 공부 패턴이 많이 무너졌다. 학원 숙제도 양해를 구한 후 못 해 가는 날이 많아지고, 발표일이 임박해서는 면접준비로 며칠 빠지기까지 했다. 내심 기대를 좀 했었는데, 결과가 아쉬웠다. 특정한 주제 없이 탐구가 좀 광범위한 게 패인이었을까? 아니면 다른 곳 안 보고 오로지 정보과학에 대해서만 더 몰입하고 더 깊이 판 친구들이 많아서였을까? 2단계 지필 평가를 실전으로 한번 해볼 수 있었던 것을 위안으로 삼으며 마음을 다독였다. 오히려 아이가 더 의연하게 "내년에 시험 쳐서 가지 뭐!"라고 했던 것이 생각난다. 내 생각보다 훨씬 더 훌쩍 자라있었던 것에 놀랐고 고마웠다.

중2 여름 – 학원을 바꾸다

다니던 수학학원을 그만두었다. 한 반을 넘어서 성반이 안 되고 영재고 입시 준비를 막 시작하는 학생과 같은 반에 배치되는 일까지 벌어져서였다. 객관적인 위치도 파악하고 조금 더 자극을 받을 수 있도록, 전통적으로 영재고 입시에 강한 대형 학원으로 옮겼다.

여름방학 동안에는 본격 영재고 입시반이 아니라, 영역별 반에 들어가 준비를 조금 했다. 지금 생각해보니, 이때는 선배들의 마지막 입시 기간이라 2학년을 살뜰히 챙길 기간은 아니었던 것 같다. 본격 입시반을 편성하기 위한 입학고사가 8월 말에 있다고 공지되었다. 방학인 데다 숙제가 과하지 않아 고등 물리와 화학을 EBS 인강으로 챙기고, 수학 상, 하 문제집을 서점에서 구입하여 풀면서 대비했다.

처음에 과학점수를 우선으로 반 편성을 한다고 안내받아서 물리·화학 인강을 많이 들은 것이었는데, 이후 수학 기준이라고 정정 안내를 받았다. 좀 억울하긴 했지만, 덕분에(?) 과학 관련 준비를 한 번 싹 할 수 있었다.

입학고사 결과, 세 번째 반에 배치되었다. 쉽지 않을 거라는 생각은 했지만, 아쉬웠다. 이미 이 학원의 그동안의 평균 합격생 수를 넘는 등수였다. 아직 들어오지 않은 괴물 같은 친구들도 있을 거라 생각하니, 더 마음이 어두워졌다. (그때까지만 해도 우리가 그런 친구일 거라고는 생각하기 힘들었다. ^^) 애써 아무렇지도 않은 척하며 지금부터 차근차근 하면 된다고 이야기했다.

이미 출발한 열차,
내릴 역은 없다

학원 수업은 주 6일 4시간씩이었다. 매주 영재고 입시반 전체 학생을 대상으로 수학·과학 시험을 보았다. 학원에서 운영하는 독서실 프로그램도 시작되었다. 주 3회 12시 혹은 1시까지 할 수 있었다. 주 6일도 가능하긴 했지만, 우리는 처음부터 너무 달리지 않기로 했다. 토요일은 학원을 가지 않았지만, 당연히 쌓인 숙제를 하느라 바빴다. 이제는 쪼갤 시간도 없었다.

11월 초, 그동안의 성적과 태도를 토대로 반 재배치가 있었다. 첫 번째 반으로 배치되었다. 두 단계를 한 번에 올라간 경우는 여태까지 한 명밖에 없었다고 한다. 성적으로만 봤을 때는 처음으로 영재고가 가시권에 들어온 결과였다. 아이도 하면 된다라는 효능감을 느꼈는지, 힘든 일정 속에서도 참 잘 해내 주었다.

겨울에는 낮 특강까지 더해져 정말 바빴다. 1~5시 수업을 하고 나면 잠시 가져다준 도시락을 먹고 저녁 수업에 임했다. 그리고 독서실까지. 안쓰러워서 하루쯤 근교에 여행이라도 가면 구멍 난 과제를 메꾸는 것은 또 아이의 몫이라 자주 권하지도 못했다. 설에는 학원도 쉬었기에, 엠베스트에서 인강 하나를 골라 전체 코스를 들었다. 이 방법은 정말 도움이 되었다. 대치동 학원비에 비하면 우습겠지만, 겨울에는 금전적으로도 빠듯했다. 2개월이고, 다시 올 수 없는 기간이라 아깝지 않다 생각하고 투자했다.

3월, 첫 슬럼프

겨울방학 동안 너무 달려서였을까? 개학하고 맞이한 새 환경이 어수선해서였을까? 공부는 늦게까지 하는데 시간 투자 대비 성적이 잘 나오지 않았다. 학원 내에서 안 받던 등수도 다시 보이기 시작했다. 몰폰, 몰컴 같은 소소한 일탈도 가끔 들키기도 했다. 위안이 되었으면 하고 사주었던 전자제품이 있었는데, 오히려 거기에 정신이 좀 팔렸던 것 같기도 하다. 결국 반도 한 반 내려왔다.

힘든 게 너무 당연하고, 안 지치는 게 이상한 스케줄이었다. 거기에다 타고난 친구들은 우리가 몇 시간씩 힘들게 준비해 간 숙제를 쉬는 시간 20분 만에 해버리는데, 거기서 오는 좌절감이 너무 컸다. 안타까웠다. 부모로서 해줄 수 있는 게 없었고, 그저 스스로 조금 추스르고 일어나기를 기다리는 수밖에 없었다. 학원

선생님들도 "금방 올라갈 거지? 여기(현, 레벨 반) 계속 있을 거 아니잖아?" 하면서 멘탈 관리에 도움을 많이 주셨다.

　기본으로 돌아갔다. 복습 테스트 성적이 계속 안 나오고 있어서 복습 방법을 바꾸길 권했다. 눈으로 하기보다 모든 정석풀이를 포스트잇에 써서 문제에 붙여보겠다고 했다. 그러고도 이것으로 부족했는지, 나중에는 새 포스트잇을 다시 붙여 안 보고 풀어보기도 했다. 꼼꼼하게 하는 것은 확실히 힘들었지만, 효과가 압도적으로 좋았다. 이것을 디딤돌로 삼아 다시 본궤도로 올라올 수 있었던 것 같다.

학교를 정하고 원서를 쓰다

우리는 계속 한국과학영재학교와 경기과학영재학교를 두고 고민했다. 두 학교 모두 뽑아만 준다면 절하면서 들어가고 싶은 학교들이지만, 시험 유형만큼이나 학교 분위기도 다른 두 학교이다. 학교의 철학, 나와의 핏 같은 멋진 이유로 뒤도 안 돌아보는 선택을 하면 멋지겠지만, 입시 앞에 움츠러들었다. 작년 경기 수학문제에서 정보문제가 2문제나 나왔던 것, 그렇지만 올해는 소프트웨어 전형이 따로 빠진 것, 장영실 전형 영역 중 정보 영역이 작년과 다르게 기타로 통합된 점, 경쟁률, 지역 우선 선발... 이런 하나하나의 소식들에 대해 유불리를 따지게 되고 고민하게 되었다.

원장선생님과의 상담에서 아이가 한과영 수학·과학 스타일을 창의적으로 잘 풀 수 있을 것 같다는 의견이 있었고, 또 우리도 작년부터 원했던 학교이기도 해서 최종적으로 한과영으로 정하였다. 다른 영재학교보다는 조금 더 자유로운 분위기, 영어 수업, 입학 후 KAIST 진학이 상당한 수준으로 보장되는 점도 영향을 주었다. 입시공부 말고 원하는 공부를 조금 더 빨리 시키고 싶은 마음도 있었다.

원서 준비는 작년에 해둔 것이 있어서 비교적 쉬웠다. 작년의 내용 위에 2학년 동안 있었던 이벤트 – 한 학기 반장, 탐구 한두 개 – 를 추가해서 다듬었다. 1단계 합격이 7월 초에 있었는데, 한 번 통과되기도 했던 자소서이기도 하고, 어느 정도 합격을 예상해서 그랬는지 비교적 담담했었던 것 같다.

마지막 100일 -
분위기 환기, 기출, 복습

 체력은 이미 바닥이 나서 정신력으로 버틴 100일이었다. 어느 날은 아이가 오더니 유튜브 앱을 지우겠단다. 별로 안 보긴 하지만, 조금 더 진지한 분위기로 마음을 다잡고 싶었나 보다. 힘내라는 의미로 나도 폰을 꺼내 같이 지웠다. 그리고 5월 초부터는 집에서 간단히 마시던 맥주나 친구들과의 소소한 술자리 약속도 모두 안 하겠다고 이야기했다. 모든 욕구를 제쳐두고 매진하는 아들에게 최소한의 예의라고 생각했다. **(실제로 3단계 면접이 끝날 때까지 지켰다.)**

 수학과 과학 모두 복습과 기출, 이 두 개를 축으로 100일 계획을 짰다. 수학은 크게 세 줄기였는데, 1월부터 했던 학원교재의 틀린 문제들, 그동안 격주로 봤던 시험에서 틀린 문제들, 집에서 본 엠베스트 인강의 틀린 문제들이었다. 약점의 집합체였고 아주 좋았다. 시험 전까지 5번 정도 풀고 시험장에 들어갔다. 문제만 보면 풀이가 떠오를 정도로 준비했다. 최근의 기출 이외에 다른 새로운 문제는 풀지 않았다.

과학은 중학교 교과서 세 권을 위주로 공부했다. 시험이 정말 중학교 범위에서만 나오고 있기 때문이다. 고등학교 물화생지를 처음부터 복습하거나 그러지 않았다. 대신 책 구석구석에 나오는 모든 지식들을 정리하고 암기했다. 조금 깊게 들어갈 필요가 있을 때만 가끔씩 고교과정을 참고했다. 내가 해준 것이라고는 과학책 세 권에서 실험부분만 복사해서 묶어준 것, 단원마다 말미에 있는 읽을거리를 보고 관련 기사 몇 개 찾아준 게 다였다.

이 기간은 모두 예민해서 서로 날이 많이 서 있었던 것 같다. 얼마 안 남았으니 조금만 더 힘내서 적극적으로 해주었으면 하는 내 마음과, 이미 한계를 넘어 열심히 하고 있는데 거기에 말을 얹는 부모에 대한 아들의 서운함이 자꾸 부딪혔다. 싸우고 풀고를 몇 번은 반복했다. 돌이켜보니 산통이었던 것 같고, 이제는 다 사그라들어 기억도 잘 나지 않는다.

7월 14일, 시험 당일 아침 일찍 용산철도고로 향했다. 끝이 보이는 것 같았다. 지금까지 달려와 준 아이가 새삼 고마웠다.

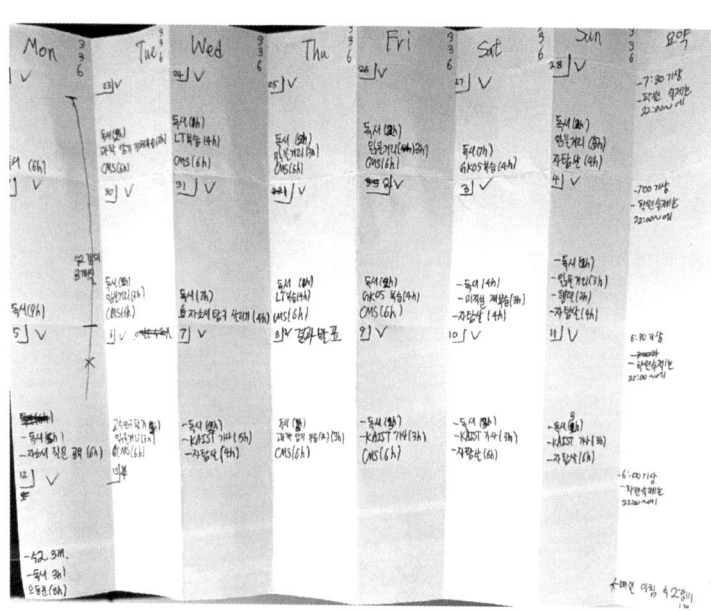

면접전형을 준비하며

2단계 시험을 치르고 일주일은 아무것도 하지 않았다. 게임도 무제한으로 풀어줬고, 최대한 일상생활에 터치도 하지 않았다. 폭풍 같았던 2단계 시험준비와 시험의 피로가 좀 잦아들고 나서 3단계 준비를 시작했다.

우선은 독서부터 챙겼다. 혹시 모를 과학고 입시를 준비하는 마음도 있었지만, 더 중요한 것은 수학·과학에 집중되어 있던 생각의 사이즈를 다시 키우는 것이라고 생각했다. 과학 대중서, 역사, 문학, 자기개발서 등 다방면의 책을 10권 정도 추천해서 읽게 했다. 아직 발표가 나지 않은 상황에서 큰 스트레스 없이 할 수 있는 가장 적당한 준비였다고 생각한다. 독서는 시험장에 들어가기 전까지 계속했다.

그러는 와중 2단계 결과 발표가 났다. 가장 어려운 난관을 하나 넘어서는 결과였다! 동력도 없이 꾸역꾸역 준비하던 과학고 자소서 준비를 내려놓고, 다시 면접준비 모드로 돌입했다.

본격 3단계 준비는 자소서와 탐구 복기, 수학, 과학, 토론 준비로 나눌 수 있었다.

자소서는 여러 번 읽어서 내용을 완전히 숙지했고, 꼬리를 물고 나올 것 같은 질문을 같이 뽑고 답변을 연습했다. 탐구 했던 것들도 10개 정도 있었는데, 이론적 배경이 된 지식들을 모두 다시 살리고, 구현했던 코드들은 구성이나 알고리즘 설명에 막힘이 없게 복기했다. 자기가 짠 코드라도 시간이 지나서 보면 남의 것 같이 낯설기도 했던 내 경험으로 조언을 해줄 수 있었다. 2학년 초반까지의 탐구는 작년에 장영실 전형을 준비하면서 텍스트도 남아있었고, 몇 번 연습한 적이 있어서 1년 동안 추가된 부분만 보충했다.

수학은 면접장에서 실제로 문제풀이도 있다고 들어서 2단계에 준해 준비했다. 다시 한번 최종 100일 때 연습하던 기출과 학원 시험의 오답노트를 꺼냈다. 안 풀려진 채로 출력해서 다시 풀어봤다. 영재고 입시용 공식모음도 간간이 읽으면서 상기시켰다.

과학은 물화생지 과목들에 나오는 중학교 개념 하나하나를 문장으로 설명할 수 있게 준비했다. 문제풀이에만 익숙한 친구들이 면접장에서 막히는 경우 중에, 개념 말로서 온전히 익혀두지 않는 경우가 많았기 때문이다.

토론은 그간 별로 손대지 못했던 영역이기도 하고, 하루 이틀 만에 실력을 쌓을 수도 없는 영역이어서, 마음을 비우고 같이 연습만 조금 했다. 나는 자신의 지평과 배경지식이 토론의 큰 한 축이라고 생각하는데, 그동안의 공부와 다방면의 독서가 부디 힘을 발휘하기를 기대하는 수밖에 없었다. 2~3주 정도 되는 짧은 시간 동안에는 환경과 AI에 관한 책을 추가로 읽는 정도로 배경지식 준비를 마무리했다.

그리고 인터넷에서 유명한 토론 주제 100가지 같은 것을 검색한 다음, 과학·기술과 관련된 것 위주로 30개 정도 나와 토론 연습을 했다. 처음에는 표면적으로 대립되는 주장만 놓고 지지나 반대 논거를 찾으려고 했었는데, 조금 연습한 후에는 숨겨진 이해관계를 찾아낼 수 있게 되었다. 현재 시대의 한계 속에서 한쪽 편만 들기보다는 기술로써 양쪽을 모두 만족시키는 제3의 안을 내는 연습도 했다. (동물실험에 대해 싸우는 주제에서는 생체 모사칩을 활용하는 방법 등)

표면적으로는 3명 중 2명이 통과하는 시험, 학원의 작년 기록으로는 5명 중에 4명이 붙는 시험이다. 중간 이상만 가면 될 것 같은 시험인데, 추려진 친구들은 모두 똑똑한 친구들이라 또 불안했다. 붙으면 얼마나 좋을까, 떨어지면 여기까지 온 걸 자랑스럽게 여기고 다른 학교를 향해 또 갈 수 있을까? 아니면 마지막에 놓친 결과에 무너져버릴까? 한 달 동안 온 가족이 냉온탕을 오가는 기분을 보이며 다가오는 면접일을 맞이했다.

면접 1일 차 – 엑스텐 적중

3단계 영재성 다면평가는 이틀로 편성되었다.

일정은 1일 차 12시부터 입소로 비교적 여유로웠고, SRT로 당일에 내려가도 맞출 수 있는 시간이었지만, 이슈를 만들지 않겠다는 심정으로 전날에 내려가기로 결정했다. 아이와 와이프는 기차로 내려가고, 나는 가족들의 이틀 치의 짐도 가지고 내려갈 겸, 내려가서 사용도 할 겸 자차로 이동했다.

숙소는 학교와 기차역에서 모두 밀지 않은 서면역에 잡았다. 숙소에 짐을 풀고 무겁지 않게 식사를 한 다음, 마지막 준비를 시작했다. 그동안 3단계 준비를 했던 출력물들 중 꼭 필요하다고 생각되는 것만 1/5로 줄여서 내려온 참이었다. 자기소개서는 여러 번 읽었고, 예상 질문들은 면접 GPT가 된 것처럼 답변이 나왔다. 다음 날 아침에도 나와 와이프가 번갈아가면서 한 번도 물어보지 않았던 질문을 던지려고 노력했고, 아이도 너무 빠르지 않게 심사숙고하고 대답하는 연습을 했다.

학교 앞에서는 학생들도 많고 간단히 주차할 장소조차 마땅치 않아 유턴해서 바로 내려주었다. 그동안 잔소리를 귀에 못이 박히도록 했을 텐데, 한마디 더 한다고 달라질 시험도 아니라고 생각했다.

이 이후는 전해 들은 이야기를 복기한 것이니 참고 바란다.
방이 배정된 후 한 시간 정도 여유가 있었다. 짐을 풀고 룸메이트랑 통성명하고 잡담을 조금 나누었다. 체육관으로 모이라는 안내 방송이 있었다. 이틀 동안 연락을 못 할 예정이어서 부모님께도 마지막으로 연락을 드리고, 학원선생님에게도 인사를 드렸다.

오리엔테이션이 시작되었다. 안내사항을 듣고 휴대전화는 제출했다. 모인 인원은 12명씩 13줄이었으니까, 총 156명이었던 것 같다. 아마 정원 내외의 모든 친구들이 있지 않았을까 싶다.

첫날 오후에는 창의인성면접이었다. 한 조에 3명씩 13조, 총 39명씩 그룹이 지어져 면접장으로 이동했다. 나는 3번째 그룹에

속했다. 면접장 역시 13개였다.

    면접실에 들어갔다. 면접시간은 15분이었다. 면접관은 두 분 계셨다. 지문이 주어졌는데 정말 반가웠다. 초등학교 때 우리 집에서 진행했던 독서모임의 첫 책, 그리고 부산까지 가지고 내려온 유일한 책 《정의란 무엇인가》의 '오멜라스의 아이'(오멜라스를 떠나는 사람들) 에피소드가 제시된 것이었다. 자신감 있게 이 에피소드가 도덕의 세 관점 중 '미덕'과 '공리'가 부딪히는 지점이라고 정리했다. 3명의 학생이 자신의 의견을 밝힌 후, 10분간 자유토론이 진행되었다. 다른 친구의 이야기 중 공감이 가는 부분은 치켜세워 준 후 수용하고, 내 논의를 개선했다. 반면 허점이 보이는 부분은 공격했다. 이후 각자에게는 독서실 등 여러 곳에서 친구가 소리를 내고 신경 쓰이게 할 때 어떻게 할지, 인생에서 가장 힘들었던 경험이 뭔지, 스트레스는 어떻게 해소하는지 등의 개별질문이 있었다. 나는 소리가 덜 나는 볼펜을 선물해 주면서 이야기하겠다는 다소 이상적이고(?) 무난한 답변을 했다.

    특이했던 점은 자소서 내용에 관련한 추가 질문이 전혀 없었다는 것이다. 준비를 많이 했는데 아쉬웠다.

    면접이 끝나고 나서 소강당에 모여 나머지 친구들을 기다렸다. 대기시간이 너무 길어 읽을거리를 안 가져온 것이 후회되었다.

전반적으로 면접 앞뒤로 대기시간이 상당히 있었다. 주변 친구들과 조용히 잡담을 나누는 정도로 시간을 보냈다.

나는 단정한 복장을 하려고 신경을 썼는데, 주위를 둘러보니 추리닝에 심지어 나시를 입은 친구들도 있었다. 면접이 자신의 가장 좋은 모습을 보여주는 자리라고 생각하는데, 신경 쓰지 않은 복장을 보니 좋은 선택은 아니라는 느낌을 받았다.

저녁은 고기와 타코야키가 나왔는데 맛있었다. 먹고 나서 취침까지는 자유시간이었는데, 룸메이트가 차분하고 학구적인 친구라, 다행히 다음 날 준비를 3시간 정도 할 수 있었다. 수학을 정말 잘하는 친구였고, 이야기도 잘 통해서 연락처도 주고받았다. 같이 입학했으면 좋겠다는 생각을 했다.

면접 2일 차 – 모든 것을 평가받다

아침은 연습한 대로 어렵지 않게 일어날 수 있었다. 간단히 씻고 청소를 깨끗이 한 다음 식당으로 갔다. 아침으로는 시리얼이 나왔다. 식사시간을 포함해 여러 번 7시 50분까지 체육관으로 모이라는 공지가 계속되었는데, 아무렇지도 않게 어기는 친구들도 있었다. 뒤늦게 들어왔을 때 체크를 하고 이름이 적히는 것을 보았다.

둘째 날은 오전과 오후로 나누어 수학, 과학 면접을 진행했다. 전체 인원을 반으로 나누어 오전과 오후에 과목을 바꿔가며 진행한 것 같고, 전체 과정에서 면접을 진행한 친구와 아직 하지 않은 친구들이 서로 만나지 않게 구성되어 있었다.

과학은 작은 문제 기준으로 총 9문제가 나왔다. 푼 모든 문제를 설명했다. 문제는 중학교 내신 최상급 문제 정도였던 것 같다. 영재고 준비생 기준으로는 평이하다고 할 수 있겠다. 하지만 주어진 시간이 너무 짧았다. 15분이 주어졌는데, 그중 5분은 영상을 시청해야 해서, 실제로는 10분 정도만 문제에 할애할 수 있었다. 그래서 2차처럼 서술한다기보다는 뼈대만 잡아놓고 면접장에서 살을 붙인다는 기분으로 풀었다. 도끼로 통나무를 찍었을 때, 들려 올라오는 상황을 역학적으로 설명해야 되는 문제가 있었는데, 수평이 아닌 상황에서의 마찰력을 고민한 적이 있어서 쉽게 넘겼다. 여러 가지 음식을 요리하는 사진을 주고 열의 이동요소 중 어떤 것에 해당하는지 고르는 문제도 나왔다. 비닐하우스의 보온 원리에 대한 문제도 나왔다. 나는 면접실의 분위기를 호의적이라고 느꼈는데, 나중에 들은 이야기로는 상당히 압박스러운 면접장도 있었다고 한다.

수학은 6~7명 1조로 움직이고 면접장에는 개별로 들어갔다. 수학 시험은 2문제에 소 문제가 3개씩 나왔다. 6문제를 먼저 30분 정도 푼 다음, 면접실에서 설명하는 구성이었다. 문제지와 답안지가 나뉘어 있었고, 답안지를 제출하긴 했는데, 면접 시 자세히 보지는 않는 것 같았다. 나중에 보고 반영했을 수는 있겠다.

시험지를 딱 보자마자 소 문제 한 문제는 좀 어려워 보여서 그

것을 제외하고 다 풀었다. 면접장에 들어가니 푼 문제들은 모두 맞았었는데, 이에 대한 질문은 없었고 못 푼 문제를 더 풀어보라고 요청받았다. 10분 동안 시도했지만 실패했다. 이때가 3단계 전체를 통틀어 제일 긴장했던 시간이었던 것 같다. 문제가 풀리지 않으니, 가슴이 뛰고 머릿속이 하얘졌다. 마지막 5분은 2번 큰 문제와 관련된 추가 문제를 받았는데, 시간이 부족해서 아이디어 설명 정도만 하고 나왔다. 친구들끼리 복기를 해봤는데, 내가 못 푼 소 문제는 다른 친구들도 많이 못 풀었던 것 같았다. 그래도 26일 마지막 발표일까지 이 부분이 가장 걱정되긴 했다.

어떤 친구는 첫 번째 소 문제에서 계산 실수가 있어서 두 번째, 세 번째 문제를 연이어 틀리게 되었는데, 이때 감독관이 엄청 압박해서 죽을 고비를 넘긴 표정으로 나오기도 했다. 또 다른 친구는 답이 맞았는데도 감독관이 틀린 것처럼 행동하면서 칠판에 라이브로 풀어보라고 시키기도 했다고 한다. 여유롭게 나온 친구가 있었는데, 다른 친구들과 답을 비교한 후 표정이 굳어버리기도 했다.

마지막으로 체육관에 모두 모였다. 입시 감독관이 휴대전화를 모두 돌려주면서 수고했다고 인사를 했다. 사교육 영향 평가 설문을 간단히 작성했다.

기숙사 퇴소를 위해 방으로 돌아왔을 때는 옷장 문이 열려있고 누군가 체크한 흔적이 있었다. 단순히 남기고 간 물건이 있는지 체크한 것일지도 모르겠지만, 나는 이 또한 평가의 일부였을 수도 있다고 생각한다. 면접시간뿐 아니라 입소부터 퇴소까지 30시간 전체를 평가받는다고 생각하고 규칙 준수, 청소, 인사 등에 신경 쓰라고 당부했었다. 단순히 영재를 뽑는 게 아니라, 3년간 함께할 학생을 뽑는데 충분히 있을 수 있는 일이었다. 아침의 집합 에피소드와 더불어 가슴을 쓸어내리게 하는 흔적이었던 것 같다.

집까지 길이 멀어 빨리 분당으로 향했고, 미리 사둔 햄버거를 차에서 먹으며 여러 이야기를 들었다. 긴장이 풀렸는지 잠시 담소 후 곧 잠이 들었다. 끝까지 잘해준 아이에게 말할 수 없는 고마움이 느껴졌다.

25 한과영 입학식 –
입시 해방식을 끝내고

입학식이 시작됐다. 교장선생님은 2학년 입학설명회부터 몇 번 보아서인지 나 혼자 내적 친밀감이 느껴졌다. 짧고 좋은 말씀을 해주셨고 특히 이 말이 와닿았다. "우리 아이들의 재능은 옆의 아이들과 다릅니다. 그러니 경쟁하지 마세요. 대부분이 KAIST를 갈 수 있는 혜택도 입시 위주의 공부가 아닌 공부를 하기 위해서입니다".

나도 정말 그랬으면 좋겠다. 한때 나의 업이었던 고3 물화생지 수능 공부. 30분 동안 20개의 문제에서 이렇게 빠른 속도로 1부터 5까지 중 하나를 골라내는가에 관한 모든 것을 가르쳤다. 16-20까지는 문제당 2~3분, 킬러 문제는 4분을 쓸 수도 있으니, 앞 문제는 몇십 초 만에 끝내자라고 하면서.

한 과목의 한 단원의 문제를 몇백 문제 풀고 나면 몇 가지 유형으로 추상화되어 나눌 수 있고, 각 유형별로 최적의 풀이가 정제된다. 그렇지만 이것은 학생이 아닌, 사교육 선생님의 몫이다. 학생들은 기본적인 개념 학습을 마치고 나서, 이 모든 과정의 결과물인 순수한 "문제풀이법"을 배우게 된다.

나는 내 아이에게 결코 이걸 가르치기가 싫었다. 맞닥뜨리면 가르쳐 줄 수밖에 없었겠지만, 최대한 피하고 싶었다. 교장선생님의 말씀은 그런 면에서 나에게는 위로가 되었고, 한편으로 왜 모두가 이렇게 할 수 없는지, 기성세대로서 다른 친구들에게 미안함도 들었다.

제2부

유초중 영재고 로드맵

나는 이 로드맵대로 아이를 양육했고, 결과적으로 원하는 학교에 합격하는 기쁨을 맛보았다. 그렇지만 처음부터 로드맵을 정하고 했다기보다는 때때로 필요하다고 생각되었던 것을 한 것이고, 뒤돌아보니 나쁘지 않았다 정도로 해석했으면 좋겠다.

여기서 제안하는 로드맵은 긴 레이스를 하는 동안 뒤늦게 특정 과목에서 아쉬움이나 위기감을 겪지 않기 위한 하나의 방법이 될 수 있다. 또한 이렇게 했을 때, 큰 무리 없이 새로운 분야를 습득할 수 있었던 것 같아 권하고 싶다. 다만 아이의 성향이나 현재 나이, 가정별로 상황이 다를 수 있으므로 본인의 상황에 맞게 수정했으면 좋겠다.

이 글을 일찍 접한 초등 저학년 이하의 아이 학부모에게는 나의 로드맵을 그대로 권한다. 또한 비교적 늦게 결정했을 때의 최선의 방법들도 같이 적어두었다.

이 길로 꼭 들어서야 하는 것일까?

로드맵을 시작하기 전에, 당신에게 이 대장정으로 들어서는 마음가짐을 듣고 싶다. 그리고 내가 생각하는 "공부를 좀 시켜봐도 좋겠다." 하는 이유를 좀 항변(?)하고자 한다.

공부를 어느 정도 시켜야 하는지는 큰 고민거리다. 뉴스나 커뮤니티에서 회자되는 수준으로 시키려니, 공부법과 학원 정보는 차치하더라도 무시무시한 공부량과 새벽까지 몸과 마음이 피폐해질 만큼 공부할 자녀를 생각하니 못할 짓 같아 보이기도 한다. 거기다 좋다는데 다 보내려면 한 명의 온전한 월급이 다 들어가도 모자라다고 하니 무섭기도 하다.

그렇다고 '공부는 자기가 하는 거다.'라는 기조로 놀 거 다 놀고 잘 거 다 재우고 있다 보면 한없이 뒤처지고 있지는 않은지 걱정이 된다. 평균보다 잘 봤다거나, 내 뒤에 몇 명이나 더 있다고 자랑하는 천진난만한 자식을 보고 있자면 인내심의 한계를 시험하게 한다.

어차피 육아는 힘들고, 사춘기의 수험생을 키우는 것은 더 힘들다. 그렇다면 나는 한번 시켜보라고 권하고 싶다. 몇 가지 이유가 있다.

어차피 성공하려면 인생에서 한 번은 미친듯이 2~3년 자신을 쏟아내야 한다

부모 찬스나 로또 수준의 운이 있는 사람이 아니라면 이는 진리다. 요즘 미디어에는 좋은 학벌이 아니라도 사회에서 성공한 수많은 사람들이 소개된다. 그런데 이런 사람들이 살아온 궤적을 보고 있으면, 고학력자가 그 학교에 들어가기 위해 공부한 노력보다 덜했다고 보이던가? 100만 유튜버가 그 구독자를 모을 때까지, 월 매출 억 단위의 음식점 사장이 거기까지 키우기 위해 들였을 수고를 보고 있으면 "나도 유튜버나 해볼까?", "음식장사나 하지 뭐!"라고 진지하게 이야기할 수 있을까?

나의 작은 경험으로는 미리 하니 조금 편했던 것 같다. 내 평생에 공부를 제일 많이 했던 해가 중학교 3학년 때였는데, 고등학교, 대학교를 통틀어 이때보다 더하지는 않았던 것 같다. 그래도 삶의 많은 부분에서 참 수월했던 것 같다. 내 생각엔 이른 노력으로 남들보다 조금 앞선 채로 10대 20대를 보내는 것이 운용(?) 면에서 더 좋은 방법 같다.

아이 본인의 자존감을 위해 더 좋다

아무래도 학교에서 공부를 좀 하면 선생님이나 주위 친구들에게 인정받는다. 여기서 아이가 느끼게 되는 안정감, 충족되는 인정욕구가 본인을 함부로 하지 않고 스스로 귀하게 여기게 되는 동력이 된다고 생각한다.

우리야 성인이고, 많은 책과 미디어를 통해 "이런 외부의 평가와 상관없는" 자존감을 배우지만, 이를 아이에게 이해시키고 받아들이게 하기까지 얼마나 많은 다독임과 어루만짐이 필요한가. 이럴 때 차라리 공부든 음악이든 몇몇 분야라도 키워주어, 힘들 때는 주변의 추앙에 좀 기댈 수 있게 해주자.

나중에 공부에 마음이 생긴 아이가
부모를 원망하지 않게

소설이든, 덕질이든, 유튜브든 뭔가에 푹 빠졌다가, 어느 순간 주위를 둘러보고 혹은 미래를 그려보고 공부를 해야겠다고 생각한 중학생이 있다고 가정해 보자. 정말 아무 베이스가 없는 학생은 그나마 영어, 수학학원이라도 의무적으로 꾸역꾸역 다니던 학생에 비해 너무 힘들다. 그리고 현실을 마주한 학생이 느끼는 좌절감, 무력감은 곧 자신을 자유롭게 해준 부모를 향하게 된다. 우리로서는 억울한 일이다. 본인이 길을 찾을 때까지 기다려준다고 생각했는데, 난데없는 비난의 화살이라니.

하나 덧붙이자면, 나의 경우 공부를 시키는 이런 이유들을 아이에게 허심탄회하게 이야기해서 더 좋았던 것 같다. 우리가 위에서 이야기한 이런 마음만 가지고 공부를 시키면, 아이는 영문도 모른 채 부당하다고 느낄 수도 있다. 오히려 공부를 해야 하는 이유에 대해 수시로 이야기해서 스스로 납득할 수 있게 하는 것도 좋은 방법이다.

5~7세 영어공부 - 초등까지 놓지 말고 계속 다지기

　가장 먼저 시작해야 할 부분은 영어이다. 영어 유치원을 다닐 수 있으면 가장 좋겠지만, 유치원 방과후 수업이나 별도의 학원에서 하루에 2~3시간 챙기는 것으로도 불가능하지 않다. 이후 초등학교 진학 시 저학년 때는 영어 유치원 오후반에 주 2회 정도 보내는 것이 비용 면이나 효과 면에서 좋다. 고학년 때는 다른 과목으로 점점 바빠지겠지만, 그래도 시간을 내어 계속 주 2회는 보내자. 이때 한국 선생님이 강의내용 이외에는 모두 한글로 말하는 학원보다는 원어민 선생님이 수업 자체를 영어로 진행하는 학원을 강력히 추천한다. 영어공부에 관해 별도로 기술한 글에서 좀 더 자세히 이야기하겠다.

　이때부터 수학 사고력 학원이나 아이들을 잡아두는 수학학원에 보낸다고 하는데, 정말 추천하지 않는다. 수학은 머릿속에 어느 정도 사고의 체계가 갖추어져야 가능하다. 차라리 책을 읽어주고 여행을 다니며 세상을 즐겁게 많이 보여주는 것이 더 낫다.

초등 저학년 – 자제력과 통제를 배우는 시간

영재고 입시 로드맵에서 이 글을 가장 마지막에 적게 되었다. 그리고 특별히 좀 길다. 아마도 가장 실행하기 어려워서가 아닐까? 나는 이 시기가 자제력과 통제를 배우는 시간이라고 생각한다.

주변에 초등학교 교사가 두 명이나 있어서, 최근의 학부모들의 요청사항을 건너 들을 수 있었는데, 정말 충격적인 요구사항들이 많이 있었다. 서초 모 초등학교 사건은 말할 것도 없고. 아이 싸움이 어른 싸움이 되는 일도 다반사다. 이렇게 아이의 욕구를 적극적으로 대변하는 학부모들에게 "아이의 요구를 빠르게 무한정 들어주는 것이 공부를 못 하게 만드는 지름길이다."라고 꼭 전하고 싶다.

집과 다른 학교에서의 불편함, 친구랑 맞춰가야 하는 불편함, 원하는 시간에 마음대로 일어나서 들고 나가고 싶은데, 그러지 못하는 불편함. 도대체 이런 것들을 부모가 나서서 클레임을 하는 것이 무슨 의미가 있을까?

학교 밖에서도 마찬가지다. 원하는 게임기를 꼭 사주는 것, 시간 맞춰 식탁 앞에 나타나지 않아도 밥그릇을 들고 따라다니면서 먹여주는 것, 공부하기로 정한 시간이지만 조금만 싫어하거나 칭얼거려도 수정되는 계획들… 모두 공부나 양육에 전혀 도움이 되지 않는다.

공부는 자기 통제가 기본이다. 정해진 시간에 놀고 싶은 것을 포기하고 책을 읽거나 문제를 푼다. 답이 금방 나오지 않더라도 답지를 바로 보는 것이 아니라, 이렇게 해보고 저렇게 해보면서 시간과 정성을 투자해야 한다. 공부 안 해본 사람들이 말하는 "지금 시대에 무슨 암기냐!"라는 말을 한 귀로 흘리면서 우직하게 외울 것들은 외워야 한다.

스스로 사세력을 배우지 못한 친구라면 공부는 언감생심이고, 당장 친구관계조차 힘들 수 있다. 내 맘대로 하고 싶은 것을 다 하는데 무슨 친구가 생길까? 그렇게 오냐오냐 키워놓으면 가장 민감한 사춘기 때 친구관계까지 어떻게 감당하려고 그럴까?

돌이켜보면 조금 빡빡하다 싶을 정도이긴 했지만, 우리 가정에서 이 부분은 정말 중요하게 생각했던 것 같다. 초등 저학년 들어서 갑자기 삼엄해졌던 것은 아니고, 처음에 키울 때부터 그랬던 것 같다. 어느 아이나 그렇지만, 원하는 것을 못 얻었을 때 울기부터 했었다. 그렇지만 운다고 뭔가를 해줬던 적은 없었고, 차츰 자기 의사를 말로 표시할 수 있는 아이로 커 갔다. ('남자는 울면 안 돼!' 같이 우는 것을 딱히 죄악시하지 않았다. 다만 그걸로 뭔가 해결되는 경험을 주지는 않았다.)

식사 때도 앞뒤로 꼭 인사를 시키고, 부모 뒤에 식사를 하게 했다. 먹는 것도 필요한 만큼 먹지 않으면 다음 끼니 때까지 간식을 제한했다. 벌로서가 아니라 배가 부르다고 했으니, 책임지라는 개념이었다. 간혹 간식에 매우 자유로운 집들을 보면, 간식 때문에 식사를 조금 하고 배가 고프니 다시 간식을 찾는 악순환이 보인다.

가끔씩 친구가 가진 것들을 부러워하며 투덜거리기도 했는데, 우리와 그들이 똑같을 필요는 없다고 계속 이야기해 줬다. 친구가 가지지 못하고 우리만 가진 것들도 많이 상기시켜 주었고, 또 비는 시간들이 심심하고 외롭지 않도록 같이 많이 놀았다.

모든 TV 프로그램을 보지 않더라도, 모든 게임기를 사지 않더라도 친구관계는 좋았다. 초등학교 때는 이런 이유로 조금 친구가 없기도 했는데, 중학교에 들어와서는 같이 피아노나 컴퓨터, 특정한 영역의 독서를 즐기는 친구들을 알아서 만들어 오는 게 내가 신기할 정도였다.

공부를 한다는 것은 미래의 성취를 위해 현재의 자신의 욕구를 누를 줄 안다는 의미일 수도 있다. 실컷 놀았으니 나중에 잘하겠지보다는 고기도 먹어본 놈이 안다는 말이 더 적합한 것 같다. 꼭 공부가 아니더라도 하고 싶은 대로 하면서 살 수만은 없다. 뒤늦게 사춘기에 모든 습관이 잡힌 후에 바꾸려 하지 말고, 적당하고 합리적인 규율 속에서 아이의 자제력을 길러주자.

구체적으로는 "꽉 찬 즐거움"을 권하고 싶다. 이 시기는 정말 여유시간이 많은 시기이다. 학교는 점심 이후 1~2교시만 더하면 하교하니 하고 싶은 것을 마음껏 할 수 있는 시기이다. 이 시기를 정말 즐겁게 보내되 남는 것 없는 낭비의 시간은 최대한 줄이고, 배움의 즐거움을 꼭 알게 해줘야 한다. 평생 자산이 될 피아노 현악기도 시작하기 좋은 시기이다. 책 읽기와 책 읽어주기를 병행해서 하루에 2~3시간 정도로 많이 하자(그림책 o, 만화책 x). 수학은 답답한 연습이 빼곡한 교재보다는 글로 된 질문이 많은 책을 골라 자기 학년부터 시작하자. 서학년 수학은 워낙 쉬우므로 1~2개월에 한 학년의 수학과정이 끝날 것이다. 유튜브나 SNS가 가능한 스마트폰은 절대 내주지 않는다.

자제력 배우기, 책 읽기, 책 읽어주기, 수학 시작, 나중에 힘들 때 안식처가 될 예체능 한 개 정도, 스마트폰 절대 금지.

초등 고학년 –
탐구, 코딩, 책 읽기, 수학

지금까지 게임, SNS, TV 시간을 최소로 하고 지냈다면 여유로운 일정 속에서도 영수, 예체능 등에서 친구들보다 두각을 나타낼 것이고, 이미 약간의 자기효능감이 생겼을 것이다. 이를 적극적으로 활용하고 칭찬도 많이 해주자.

수학은 계속 글이 많은 교재를 초등 4학년부터 중학교 3학년 것까지 차근차근 시키자. 아마 5학년 말 정도면 끝날 텐데, 이제는 한국 중학교 문제집 중 A급 수학 등 약간 난이도가 있는 문제로 1~3학년을 반복하길 권한다.

여기서 잠깐 나의 시행착오를 고백한다. 나는 문장형 문제의 이해를 중요하게 여겨서 핀란드 수학 7-9를 두 번을 보게 했는데,

차라리 이 시간을 줄여 '바빠' 같은 계산형 문제집을 몇 권 풀게 하는 것이 더 나았을 수 있겠다. 중학교에 올라와서도 기본적인 계산 실수가 안 잡혀서 참 마음고생을 했었다.

시간적 여유가 된다면 코딩도 이 시기에 배우면 좋다. 수학적 사고를 키우는 데도 도움이 된다. 아이패드 내에는 애플에서 제공하는 스위프트 플레이그라운드라는 코딩개념 코스가 매우 탄탄하게 되어있다. 부모의 도움도 거의 필요 없다. 학원을 다녀도 되는데, 흥밋거리 위주의 하드웨어 코스는 지양하고, 컴퓨터 내에서 논리적인 사고를 배울 수 있는 코스를 권하는 학원을 보내자. 무엇보다 부모가 조금만 손품을 팔면 좋은 강의들을 무료로 혹은 저렴하게 집에서 볼 수 있으니 찾아보자.

가끔씩 지금까지 배운 수학, 코딩으로 약~간은 본인에게 벅찬 탐구과제를 시켜보자. 1~2학년 선행 범위의 어떤 수학적 증명일 수도 있고, 코딩 아웃풋일 수도 있다. 주변에 교사나 공대 대학생이 있으면 주제 선정에 도움을 받아도 좋겠다. 이벤트처럼 근사한 외식이나 가지고 싶은 아이템을 걸고 진행해 보자. 탐구 주제 결정, 자료 찾기, 수행, 보고서 작성까지의 한 사이클을 돌고 나면 어느새 부쩍 성장해 있는 아이를 볼 수 있다.

책 읽기는 언제나 중요하다. 초등학생이지만 서점에 같이 나가

청소년 도서 코너에서 같이 책을 골라보자. 과목에 흥미를 붙이기에는 개론서들도 좋다. 유명하고 어려운 고전들은 구매해서 부모가 읽어주자. 독서의 여러 가지 방법은 별도로 기술하겠다.

 책 읽기, 수학 심화와 선행, 계산력, 코딩이나 탐구 등 학구열 자극.

중학생 –
완전히 새로운 세계로의 진입

이 시기는 힘들다. 새로운 환경에 적응도 해야 되는 데다 사춘기도 찾아오는데, 이런 사정을 봐줄 틈도 없이 가장 달려야 하는 시기이기도 하다.

유유상종이라고 지금까지 탄탄히 다져놓은 과목별 실력과 몸에 밴 성실함이 있다면, 좋은 친구들이 주변에 자연스레 모여 서로를 자극할 것이다. 누구는 사귀고 누구는 멀리하라고 말을 얹을 것도 없다. **(주변 친구들이 이상하다면 친구 대신 자녀를 진지하게 살펴봐라. 그리고 더 중요한 것, 자신을 살펴봐라.)**

수학은 과목의 특성상 머리가 트여 자신감을 가지기까지 가장 많은 시간을 요한다. 어느 정도 중학교 고난도 문제들을 맛보았다면, 이제 본격적으로 심화도 하고, 다른 잘하는 친구들과 겨루기도 할 겸 영재학교/특목고 준비 학원에 보내자. 늦어도 1학년 겨울 전에는 보내자.

영어는 중학교 입학 시점에서 원어민과 자유로운 수업은 시간상 조금 힘들어진다. 입학 전 겨울에 문법 수업만 몇 번 인강으로 들어놓으면 내신학원을 따로 보내야 할 필요는 없다. (겁주는 입학설명회 무시)

학교에서 다양한 대회를 열 텐데, 문과 이과 대회 상관없이 다 내보내자. 루틴한 일상에서 벗어나 뭔가를 집중해서 준비해 보는 것이 오히려 환기도 되고 공부에도 도움이 된다. 영과고나 자사고의 서류전형 시 좋은 글감이 되기도 한다.

모든 내신 과목을 성실하게 준비하자. 주요/비주요를 따지지 않고 과목에 대한 예의를 지키도록 지도하자. 이때 영어나 과학은 해당 부분을 고등학교 교재로 공부해 두면 시간도 안 뺏기고 선행을 좀 챙길 수 있다.

영재학교 입시를 위한 과학은 우리 아이의 경우, **중2 초반**부터 준비를 시작했다.

자극이 되는 좋은 친구, 수학 더욱 심화, 대회 참가로 분위기 환기 + 포폴 대비, 성실한 내신 준비.

중2 여름~중3 여름 - 막판 스퍼트

마지막까지 최선을 다해 밀어붙이는 1년이 될 것이다. 학원을 다니면 자연스레 공부량과 시간표가 어느 정도 정해진다. 인강에 의지하거나 독학을 한다면 스스로의 루틴을 잘 관리하자. 공부량은 학원 친구들 평균이 아니라, 최상위권에 맞춘다.

모든 욕구를 극도로 절제해야 한다. 여행이나 명절 챙기기는 언감생심이고, 자투리 시간조차도 아껴 써야 한다. 부모도 괜히 옆에서 싱숭생숭하게 다른 일을 벌이지 말고 옆에서 책이라도 읽고 있어 주자.

아이가 이미 가능한 것 이상으로 힘내고 있다는 사실을 잊지 말고, 서로 날 세우기보다는 응원과 격려를 많이 해주자.

 전우애, 닥공

이 로드맵은 정답이 아닙니다. 당연히

800명의 합격자가 있으면 800개의 로드맵이 나올 수 있다. 그리고 여기서 제안한 것보다 학원가에서는 수학이 3년 이상 일찍 준비되고 있다는 것도 사실이다.

다만 내가 생각하기에 이 정도면 너무 실기하는 느낌은 없었고, 예체능이나 영어, 책 읽기까지 챙겼으니 풍성함은 덤으로 얻었다고 본다.

아이의 성향을 세심하게 잘 살펴보고 가감해서 본인만의 길을 걸어가 보자.

영재고에 들어가는 좁은 우회로 - 특별 전형

800명이 모두 영재학교에 일반전형으로 가는 것은 아니다. 몇 가지 특별전형을 소개하고 내 의견도 보탰다. 그렇지만 제목에서 밝혔듯이 결코 쉬운 길은 아니다. 준비한다기보다는 준비되어 있는지 확인해 보자.

한과영 장영실 전형 (30명)

장영실 전형을 통해 선발하고자 하는 학생은 수학 또는 과학의 특정 분야에서 탁월한 탐구 역량 및 열정을 자기주도적으로, 그리고 지속적으로 보여온 학생이다. 그리하여 일반전형의 2단계 창의적 문제해결력 검사 대신 심층 구술 및 면접 평가를 통해 지원자의 역량 및 열정을 학생기록물과 함께 종합적으로 평가한다.

일반전형과 달리 장영실 전형은 창의적 문제해결력 검사가 아니라, 자신의 독창적이고 지속적인 탐구 분야가 있어, 해당 분야의 지식과 탐구 역량으로 평가받고자 하는 학생들을 위한 전형이다. 따라서 장영실 전형은 수학 및 과학 일반에 고른 영재성과 잠재력을 갖고 있다기보다는 특기 탐구분야에 몰입하여 해당 분야의 우수한 탐구 역량을 보여주는 학생을 위한 전형임을 다시 한 번 확인하자.

사견: 이 전형은 우리 아이가 2학년 때 시도했다가 면접에도 못 가고 떨어진 전형이다. 나는 내가 과학 선생이자 소프트웨어 전문가이니, 아이의 탐구가 어땠는지 비교적 정확히 파악했다고 생각했다. 여러 융합 시도도 재미있어 보였고, AI 탐구는 학부 1학년 수준 정도는 되어 보였다. 탐구 설명 한번 못하고 일반전형으로 비켜난 후 복기해 보건대, 여기에 합격하려면 잡다하지 않고 좁고 깊어야 했고, 그 원하는 수준도 새내기 수준은 당연히 뛰어넘어야 했었다. 너무 뭔가에 몰입해서 집에서 트러블이 있을 정도여야 할까?

그리고 항상 장영실 전형은 최대 인원 미만으로 뽑았다. 확실히 좁은 문이라는 뜻이나. 학교가 요구하는 일정수준이 안되면 인원이 남아도 안 뽑는 것이다. 그래도 정말 특정 분야에 자신 있는 친구라면 문을 두드려보자.

경기과학영재학교 SW·AI분야 추천 관찰전형 (10명)

경기과학고등학교는 소프트웨어·인공지능(SW·AI) 분야에 뛰어난 재능과 잠재력이 있는 학생을 선발하는 'SW·AI 인재 전형'을 신설했다.

전형 1단계는 학생이 한 달 동안 40여 개 과제를 수행하고 온라인 접속을 통해 교사와 1대 1로 실시간 소통하며 평가가 이뤄지는 비대면 관찰 방식이다. 2단계는 대면 관찰을 해서 학생의 역량과 잠재력을 다각도 평가한다.

'SW·AI 인재 전형'은 다른 영재학교에서 아직 도입하지 못한 경기도 영재학교만의 선발 방식이다. 장기간에 걸친 평가 과정을 통해 학생들의 종합적 평가를 할 수 있다.

> 사견: 아이 친구 중에 2차까지 간 친구가 있어서 정보를 좀 들을 수 있었다. 1단계 전형을 준비하는 데 시간 소모가 많았다. 수학·과학처럼 과고나 자사고, 내신에 직접적인 도움이 되는 것도 아니라서 심적 부담이 클 것 같았다.

2단계에서는 알고리즘 문제 같은 것이 출제될 것이라는 예상과는 다르게, 문제를 보고 꾸준하고 지긋이 추적해야 답을 낼 수 있는 문제가 나왔다고 한다. AI 핵심 알고리즘 중 하나가 back propagation인데, 미분을 해가면서 하는 건 아니지만 거의 그런 식으로 노가다(?)를 뛰어야 하는 문제가 출제되었다. 본질적으로는 SW/AI를 할 역량이 있는 친구를 추려내는 데 진짜 적합했다고 생각한다. 뭔가 비상한 사고도 중요하지만, 무거운 엉덩이와 전개 과정에서 집중력을 잃지 않는 것도 이 분야에서는 필수덕목이기 때문이다.

일반전형 vs 특별전형

둘 모두를 진행해 본 입장에서, 영재학교를 선망하고 미리 준비한다면 일반전형을 추천한다. "준비"를 한다는 말 자체가 길이 넓고 정보가 많은 방법을 추구하기 때문이다. 변수가 적고 큰 학원이라면 본인의 위치 파악도 가능하다.

특별전형은 나를 잘 드러내어 좋은 결과가 있을 수도 있지만, 어디까지 준비해야 하는 것인지 스스로 결정하기 힘들고, 왜 붙고 왜 떨어졌는지 납득하는 데 시간이 걸린다. 마음을 추스르는 데도 시간이 걸리고.

영재학교를 생각히지 않고 어떤 "주제"나 "과목"에 푹 빠져있는 친구, 이런 고민을 하지 않을 정도로 이미 티가 팍팍 나는 친구인 경우는 오히려 특별전형이 어울린다고 본다.

'특별전형에 지원하는 학생이 어느 정도 특별해야 할까?'는 다음 글을 참고하자.

중학교 입학 후 입시를 결정했다면

중학생이라면, 확실히 범재의 재주를 갈고닦아 가기에는 좀 늦은 듯하다. 어찌 보면 이미 열심히 달리고 있는 친구들 중 10~20%를 울려버릴 천재적인 친구인가를 판별해야 하는 일일 수도 있다.

영재고는 생각이 없었지만, 수학에는 신경 써 온 경우

수학에서 이미 어렵고 깊이 있는 문제를 푸는 훈련, 혹은 이런 걸 즐기고 있었다면 늦었다고 걱정할 것이 하나도 없다. 아니, 어쩌면 더 어울리는 친구인지도 모르겠다.

주변의 학원 몇 곳에서 레벨 테스트를 받아보고 아이의 객관적인 위치를 파악해 보자. (참고로 우리 아이는 두 학원 모두 합격권과는 거리가 멀었 없다.) 그리고 그냥 도전하자. 좀 낮게 나왔다고 쫄 것도 없고, 하다가 안 됐다고 세상이 무너지는 것도 아니다.

과학은 수학과 보완 관계라고 생각하는데, 수학을 끝장나게 잘하면 과학을 좀 못 보더라도 충분히 만회가 되는 것 같다. 반대 케이스는 특정 전형이 아니면 힘들다.

하나의 주제에 미쳐있는 경우

수학, 과학, 정보 과목에서 특정한 주제에 깊이 빠져있는 경우라면 일반전형이 아닌 특별전형을 공략해 보자.

단, 여기서 "깊이 빠져있는"을 잘 해석해야 한다. 비전공 부모가 보기에는 아이가 뭔가 탐구를 하고 있으면 잘 알지도 못하겠고 대단해 보이니 객관적인 평가가 잘 안될 수도 있다. (심지어 나도 그중의 한 명이었다.) 대학 학부과정을 넘어, 현업이나 연구자들과 맞짱을 뜰 수 있어야 한다고 생각한다. 나이가 어리고 투자한 시간이 작으니, 주제의 범위는 매우매우 좁더라도.

이 부담스러운 말은 일반전형에서 학생들이 공부하는 수준을 보면 이해가 된다. 가령 물리에 관해, 조금 머리가 있는 친구이면 중학과정 물리는 고등과정으로 완전히 대체된다. 내가 가르칠 때도 고등 물리1을 2시간씩 8번, 물리2를 8번 하고 나면 스마트한

애들은 기본개념을 싹 익혀버린다. 그러고 나면 일반물리인데, 조금 자세하고 일부 안 나오던 개념들이 좀 더해질 뿐, 본질은 약간의 확장이다. 이 정도의 어떤 것을 한 친구가 전국에 몇백 명 정도는 있을 수 있다는 이야기다. 반면 한과영 장영실 전형의 모집 인원은 30명, 수·물·화·생·기타 영역에 기계적으로 배분하더라도 전국에서 가장 에지(edge)있는 5명 안에 들어야 한다는 이야기다. 내 아이가 이 정도 수준으로 특정 영역에서 두각을 드러냈는지 반문해 보자. 대단한 친구라면 낭중지추이니, 부모가 고민하고 할 것도 없이 이미 드러나 있을 것이다.

지금까지 수학준비도 부족했고, 특정 영역에서 특별한 결과도 없지만 생각해보는 친구

그래도 과감히 준비하고 지원하라고 말하고 싶다. 미리 불가능을 예상하고 시도도 하지 않는 것보다 훨씬 큰 경험이 남을 것이다. 명석한 머리와 극한의 노력이면 합격도 노려볼 수 있다.

혹 되지 않더라도 본인에게는 이미 서류전형을 준비하면서 쌓인 자소서, 포트폴리오 소개의 글밥이 남았을 거고, 스스로를 객관적으로 바라볼 기회도 가졌을 것이다. 엄청난 입시기간을 거치면서 탄탄한 수하·과학 실력도 얻있다면, 사연스럽게 과학고나 상위권 자사고를 가는 준비가 되는 것이다.

다만 아~무 생각도 없는 아이에게 강요하지는 말자. 본인의 의지가 없으면 6개월도 걸어가기 힘든 길이다. 한창 인생의 목표와 인간관계에 대해 고민이 많을 사춘기에 부모의 바람을 투사하지 말기를 바란다.

고입 간략 정리 -
영재고·과학고·자사고

며칠 전 고등학교 동기를 만났다. 어느새 중학생으로 훌쩍 커버린 아들이 있었고, 건너 들은 합격 소식에 몇 가지 묻기도 할 겸 같이 식사를 하자고 해서 흔쾌히 응했다.

영재학교를 보내고 싶지만, 직장맘 상황이라 그런지 정보가 부족해 보였다. 친구가 물어본 것들이지만, 많은 분들도 들으면 좋은 정보라 글로 남긴다.

영재고 vs 과학고 ⇨ 영재학교 vs 과학고

영재학교는 2003년 구 부산과학고가 한과영으로 전환되는 것을 시작으로 나타났다. 사실 영재학교는 고등학교가 아니다. KSA도 Korea Science Academy로 High School을 쓰지 않는다. 적용되는 법도 초중등교육법이 아닌 영재교육 진흥법이다.

정의로 보자면, 영재학교는 영재교육을 위하여 지정되거나 설립되는 고등학교 과정 이하의 학교, 과학고는 특수 목적 고등학교의 일종으로, 과학에 관한 전문 지식을 가르치는 고등학교이다.

그렇지만 현실적으로는 영재고는 과학고의 상위호환이라고 볼 수 있다. 과학고와 설립 목적이 겹치고 입시 기간도 더 빠른 편이라, 영재학교 진학이 실패하면 과학고에 원서를 제출하는 방식이 되기 때문이다. 처음부터 영재학교를 스킵하고 과학고에만 원서를 넣는 친구들은 드물다.

과학고는 영재학교와 다르게 지필고사가 없다. 방문면담, 소집면담, 면접으로 학생을 선발한다.

나머지 차이는 표를 참고하자.

	영재학교	과학고
적용법	영재교육 진흥법	초중등교육법
모집단위	전국	광역
전형 일정		
- 원서접수	5월 말	8월 말~9월 초
- 지필 고사	7월 초~중순	x
- 면담	x	9~10월
- 면접캠프	8월 중순	11월 중순~말

- 합격 발표	8월 말	11월 말~12월 초
경쟁률	대략 6:1	대략 3:1 (경기북 10:1)

외고-자사고-국제고 전형 일정

이 세 종류의 학교는 후기고라고 해서 일반고 지원에 영향을 미친다.

일반고를 지원할 때는 1지망과 2지망 순서가 있는데, 1지망 자리를 이 학교에 할애하는 방식인 것이다.

- 처음부터 일반고 지원 학생: 1지망에 원하는 일반고 시도 - 못되어도 2지망에서 한 번 더 원하는 일반고 시도 => 원하는 일반고 갈 확률 높음.

- 외/자/국 지원학생: 1지망에 외/자/국 지원 - 못되면 일반고 지원 => 기회가 더 적음

전국단위(=전사고) 혹은 광역단위 자사고의 전형일정은 12월 초 과학고 발표가 끝나면서 시작된다. 12월 초 원서접수 - 12월 중순 1단계 합격자 발표 - 12월 말 2단계 면접 - 12월 말~1월 초 최종 결과 발표의 일정을 따른다.

지원 횟수

영재학교-과학고-자사고 모두 각 단계에서 한 개의 학교에만 지원할 수 있다. 영재학교는 예전에는 여러 개가 가능했었는데, 지금은 한 개 학교에만 지원해야 한다. 광역권 내에 2개의 과학고가 있는 서울 같은 경우에도 한성과학고와 세종과학고 중 한 개의 학교만 골라서 지원해야 하는 식이다.

어디서 키울까?
대치동 vs 분당, 학군지 vs 비학군지

어디서 키울까?

우선 이런 질문이 가능한 사람이 얼마 없다는 사실을 잘 알고 있다. 그래도 아이를 낳아 입시까지 가는 동안 한두 번의 이사를 할 수도 있으니, 어떤 차이점이 있는지 정도는 알아두면 좋겠다. 자신의 지역에서 할 수 있는 것들을 하면서 타지역의 장점은 취할 수도 있다.

크게는 열 손가락도 필요 없을 정도의 유명 학군지에서 키울 것인지, 그렇지 않은 지역에서 키울 것인지가 고민거리일 것이다. 그리고 작게는 이 학군지 안에서도 선호 초/중학교를 보낼지, 평범한(?) 학교를 보낼지일 것이다.

학군지/비학군지

나는 대치동 은마아파트입구 사거리 주변에서 9년이나 학생들을 가르쳤다. 장점과 단점이 명확하게 보였고, 결국 아이의 초등학교 입학에 맞춰 분당으로 이사를 했다. (대치동에 터를 잡았으면 경제적으로는 더 성공했을지도 ㅠㅠ)

학군지의 장점은 명확하다. 가장 큰 것이 면학분위기. 골목에서 교복을 입고 담배를 피우는 애들이 7월 모의고사 미적 30번을 어떻게 풀었는지 얘기 중이었다는 우스갯소리는 이 동네의 하한선을 잘 보여준다. 거기다 사교육을 위한 엄청난 경제적 지원도 학군지로 몰려들고, 교사들은 경쟁 속에서 이 파이를 차지하기 위해 최고의 수업자료와 교수법을 연구한다. 잠시의 안일함도 허용되지 않는다. 학원은 부페 저리 가라 할 정도로 입맛대로 고를 수 있다. 어떤 과목의 어떤 과정, 그중에서 이러이러한 약점이 있다면 딱 그런 것을 채워주는 선생님을 구할 수 있다.

그러다 보니 단점도 뚜렷하다. 우선 자신의 페이스를 유지하기가 매우 힘들다. 어지간한 지조와 자기 파악이 없으면 가만히 있어도 들려오는 입시정보, 엄친아, 엄친친아 이야기에 부화뇌동하게 된다. 또 주변 친구들이 너무 잘하니 우리 아이가 너무 뒤쳐져 있는 것은 아닌지 끊임없이 의심하게 되고, 착실하게 준비해 나가고 있는 아이가 심지어 미워 보이기까지 하는 것은 절대 좋은 일이 아니다.

참고로, 진도를 치고 나가는 친구들을 그렇게 부러워할 필요가 없다. 초등학교 저학년에게도 기술적 미분은 한 시간 만에 가르칠 수 있다. 이것이 극한과 변화율을 충분히 음미하고 배운 미분과 같을 리도 없다. 결국 사고의 지평이 얼마나 깊고 넓어졌는지가 중요한 것이다.

분당으로 이사를 한 이유는 이랬다.
- 충분한 면학분위기가 있을 것
- 학원의 선택권이 충분할 것 - 특히 영어와 특목고 준비에 관해
- 그렇지만 대치동만큼은 아닐 것(????)

이사를 오면서 나의 강의지도 분당으로 옮겼다. 낙생고 학부모님들도 많이 만났는데, 내 스토리를 듣고서는 "선생님, 잘못 오신 거예요. 여기도 장난 아니에요." 라고들 하셨다. 그렇시만 확실히 분당은 대치동에 비하면 숨 쉴 틈은 좀 있다.

어떻게 보면 우리나라는 학군지/비학군지가 있는 게 아니라, 대치동부터 시골까지 넓은 스펙트럼이 있는데 그중에서 나는 여기 정도를 선택한 건지도 모르겠다.

빡센 학교 / 널널한 학교

초등학교는 집주소가 결정하기 때문에 학교도 보면서 집을 선택했다. 나는 서현동에서 좀 시키는 학교 대신, 한 학년이 50명 정도이고 조금 평범한 평가를 받던 초등학교를 보내기로 했다. 덜 시키고 싶어서는 아니었고, 나의 교육관대로 시키고 싶어서였다. 어릴 때는 영어와 예체능을 많이 시키고, 수학은 계산연습과 선행보다는 깊이 있는 응용문제를 충분히 풀게 하고 싶은 생각이 있었기 때문이다. 영어학원은 셔틀이 있으니, 원하는 학원을 골라 정자동으로 보낼 수 있었다. 학군지의 널널한 학교는 이런 장점이 있다.

결론적으로는 원하는 공부를 시키고 결과도 좋았기에 후회하지 않는다. 그렇지만 그 과정에서 확실히 우려했던 부분이 살짝살짝 나오기는 했다. 초등학교 3학년쯤이었을까? 어느 날은 집에 와서 "우리 반에서 나만 공부해, 나만 학원 다녀!"라고 하기도 하고, "게임기 나만 없어!"라는 말을 하기도 했다. 학부모 모임 이야기를 들어보아도 좀 자유롭게 키우는 분위기였다. 적절한 긴장감과 자극을 유지하기 위해 《IT 슈퍼리치의 조건》이란 책도 읽히고

(주인공들은 보통 공부 잘하고 학벌 좋음), 여기저기 다니면서 견문도 넓혀 주었다. 게임은 만들어서 하라고 했다. 지금 생각하니 너무했구나 싶다. 그래도 아이패드로 몇 가지 만들면서 놀았다.

중학교도 수내동의 유명한 중학교는 아니고, 동네의 평범한 중학교에 가게 됐다. 그래도 여기서는 관심사가 비슷한 친구들을 많이 만나서 즐겁게 3년을 잘 보냈다. 내신도 딱 좋았다. 학생들이 모두 잘하면 어느 정도의 변별력을 위해 내신시험이 너무 어렵게 나온다. 그러면 영과고나 자사고를 준비하는 친구들에게 너무 시간적으로 부담이 되게 된다. 행여나 B가 생기면 전반적인 계획을 다시 짜야 한다. 반대로 내신이 너무 쉽다는 의미는 학교에서 친구들에서 자극을 받을 일이 없다는 말과 비슷하다. 동력이 떨어진다.

내신 때는 잠시 수학/과학에 몰입하던 환경에서 벗어나, 교과과정을 충실하게 채운다는 느낌으로 겸손하게 준비했고 좋은 성적이 나왔다.

그럼 우리는 어떻게 해야 할까?

위에서 이야기했듯이 주소지가 먼저 정해지는 경우가 많고, 학교는 보통 따라서 결정이 된다. 다만 이사의 기회가 있다면 아이의 성향이나 적극성을 참고해 학교와 주소지를 고려해 볼 수도 있겠다. 또 이미 학교가 결정되었다면 학교 내에서 아이의 위치를 보고 학교가 주는 환경상의 단점을 보완해 주면 좋겠다.

마지막으로, 학원의 선택권이 없을 정도의 지역에서 꼭 키워야 한다면 자극과 동기부여에 정말 최선을 다하자. 평균이 다는 아니지만, 반대로 동네에서의 자신의 실력과 공부량 위치가 전국 위치라고 생각하는 것도 엄청난 문제다. 부드럽지만 명확하게 전국 단위 아이의 위치를 파악시켜 주자. 전국 단위 탐구대회나 올림피아드가 여러 종류 있으니, 자주 보내서 다른 열심히 하는 친구들과 눈높이를 맞추도록 하자. 학업에 관해서는 인강을 적극 활용해 언제 학군지로 이사하더라도 모자라지 않을 정도의 실력을 유지하자.

제3부

"진짜 공부"에 대한 불편한 진실을 마주하자

공부와 집중력의 본질

도파민의 늪

요즘은 바야흐로 도파민의 시대라고 불린다. 스마트폰을 손에 든 사람들은 시시각각 새로운 자극을 찾고 있다. 어떤 쇼츠가 순간의 재미를 충족시켜 주지 못하면 엄지손가락에 의해 거부되며 다음 동영상에게 자리를 내어준다. 우리의 뇌는 즉각적인 만족감을 원하며, 끊임없이 더 새롭고 더 자극적인 것을 추구한다.

나 역시 이 같은 경향에서 벗어나지 못하고 있음을 느낀다. 긴 호흡을 가지고 읽어야 할 시사 기사조차 어느새 F자 형태로 빠르게 훑어 내려가고 있다. 긴 글을 읽는 것이 부담스러워졌다. 동영상을 보다가도 끝나지도 않았는데 어느새 댓글 창을 열어서 보고 있다.

알림은 또 어떤가. 이메일, 메시지, 앱 알림 등 쉴 새 없이 울리는 알림 소리에 집중력이 조각조각 나뉘어 산산조각 난다. 집중하라고 알려주는 알림들이 오히려 집중력을 해치는 역설적인 상황이 벌어지고 있다. 일을 하는 게 아니라, 하루 종일 알림에 "반응"만 하고 있는 것 같기도 하다.

어렵고 지루한 순간

최근 나는 재테크 공부를 할 겸 공인중개사 자격증 공부를 시작했다. 공부를 하다 보면 용어가 어려운 단원들이 있다. 예를 들면, 민법 같은 거. 한자어로 가득한 조문이 아 다르고 어 다른 걸 뽐내듯 나를 공격한다. 이럴 때는 자꾸 엉덩이가 들썩거린다. 문장을 끝까지 읽기 싫고 "아, 몰라!" 하고 탁 놔버리고 싶고 그렇다.

그렇지만 공부를 해본 사람은 안다. 이 순간을 꾸역꾸역 참아내야 한다. 눈에 안 들어오면 손가락이라도 짚어서 차근차근 읽어내는 수밖에 없다. 머릿속에서 개념들을 연결해 보고 그림이 그려질 때까지 다른 생각을 안 하고 기다려야 한다. 이것이 집중력이다. 좋아하는 건 누구나 오래 할 수 있고, 집중할 수도 있다. 진도가 안 나가고 힘들 때, 우직하게 잡고 있을 수 있는 이 능력.

공부의 핵심은 '스스로를 기다리는 힘'

공부가 되게 하고 집중력을 기른다는 면에서는 확실히 학원에 비해 엄마표나 개인과외의 장점이 드러난다. 학생이 어떤 질문을 받고 상당한 시간을 요하는, 머릿속을 뒤지고 개념들을 연결해야 하는 상황이라고 생각해보자.

이걸 기다려줘야 한다. 정답도 주지 말고 주변에서 빙빙 돌면서 관련된 힌트들만 조금씩 준다. 자신이 꾸역꾸역 그 대답을 할 수 있게, 정확히는 그 생각의 고생을 벗어나지 못하게 정줄을 잡아주고 있어야 한다. 이것이 열 번, 백 번, 천 번 정도 반복되고 나면 "공부를 할 줄 아는 사람"이 된다. 학교와 학원에서는 진도가 있고 기다리는 옆 친구가 있으니, 이런 종류의 훈련은 힘들 수 있다.

내가 학생들을 받아보면 고등학교에 올라올 때까지 이 경험이 없는 친구들이 꽤나 있다. 성적은 좋지 않고, 생각하는 힘이 없으니, 공부거리가 10개이면 10개를 다 외울 생각만 한다. 질문을 하면 너무나 빠르게 모른다고 하거나, 인과관계 없이 떠오르는 가장 첫 생각을 내뱉어 버린다. "1분 동안 아무 말도 하지 말고 1분 후에 대답해!"라고 신신당부를 해도, 5초 만에 답을 정하고는 나머지 시간은 몸을 배배 꼬며 견딜 뿐이다. 지긋한 논리가 없다.

나는 집중할 수 있는 환경을 만들기 위해 이렇게 해본 적이 있다. 책상 위에 책을 다 치우고 문제는 A4 백지에 딱 한 문제만 붙여서 둔다. 나머지 공간은 풀이 공간이다. 문제집처럼 앞뒤로 뒤

적거릴 것도 없고, 다음 문제에 눈도 가지 않는 환경인 것이다.

유혹을 이기는 공부

머릿속에서 일어나는 사고가 벅차고, 그래서 생각을 그치고 아무 대답이나 하거나 공부를 미루고 싶은 느낌이 들 수 있다. 샤프가 이상하면 고치고 싶고, 갑자기 청소하고 싶은 생각이 들고, 공부 빼고 다 재밌을 것 같은 느낌이 들 때, 그 고비를 넘기도록 독려해 보자. 그래서 지금 목에 걸려서 안 넘어가고 있는 그 개념을 꿀꺽 삼키도록 침묵의 판을 깔아줘 보자. 하다 보면 어느덧 익숙하게 사고하는 자신이 뿌듯할 것이다.

머리에 남는 공부법

동일한 시간을 들여도 어떤 학생은 오랫동안 기억하고, 다른 학생은 금방 잊어버린다. 정말 머리만의 문제일까? 지금까지 내가 공부하고, 시켜보고, 키워본 결과를 지금부터 공유하고자 한다. 살 빼는 법이나 서울대 가는 법처럼, 결론은 간단하지만 대부분 하지는 않는다.

생각보다 효과가 별로 없는 방법

수업 영상을 보거나 텍스트를 읽는 일은 편하고 에너지도 덜 든다. 그러나 실험에서 수동적(passive) 조건은 단원 시험 정답률이 약 55%에 머물렀다. 같은 시간이면 상호작용(interactive) 조건의 85%에 비해 크게 낮다. 즉, 정보를 '받아들이기만' 하는 행위는 기억 고착 효과가 작다.

이런 차이는 1주일 뒤 지연-시험에서 더 커지는데, 읽기·시청만 한 학습자는 내용의 절반 가까이를 잃어버렸다.

그냥 인강을 보거나, 아니면 턱을 괴고 책을 읽고 있으면 공부를 하고 있다는 착각이 든다. 하지만 편한 만큼 뇌에는 별로 자극이 되지는 않는다. 생각해보라. 공부하다 조는 모습은 모두 보거나 읽을 때가 아닌가?

쓰기, 말하기 - 적극적 재구성과 재인출

노트에 쓰기나 친구와 소리 내어 말하기는 passive보다 한 단계 높은 active/constructive 활동이다. 노트필기 방식만 바꿔도 효과가 달라진다. 밀러와 오펜하이머는 동일 강의를 들은 뒤 손 글씨 그룹이 개념 이해 문제에서 노트북 그룹보다 평균 14%P 높게 맞췄음을 보고했다. 쓰는 동안 불필요한 문장까지 압축·요약해야 하므로 뇌가 정보를 다시 '조립'한다.

또, 내용을 큰소리로 정리하며 말해 보기는 단 5분만 투자해도 문제 해결력이 유의미하게 상승했다는 결과가 있다. 처음엔 부끄럽고 불편하지만, 이 불편감이 곧 공부가 된다는 신호다

나도 개인적으로 소리 내면서 외우는 것을 선호한다. 간단히 증명할 수 있는데, 휴대전화 번호나 본인 인증번호를 한 곳에서

보고 다른 곳에 옮겨 적을 때, 소리 내서 읽은 후 옮겨 적어보자. 기억이 훨씬 잘 난다. 내가 소리 내는 것을 내가 들으면서 다시 한 번 기억하기 때문이다. 나중에 풀어낼 때 사운드가 다르면 이질감이 느껴져 금방 잘못되었다는 것을 알 수 있다.

설명하기 - '가르칠 준비'가 만드는 최상위 효과

가장 강력한 방법은 누군가에게 가르치는 것이다. 이를 프로테제 효과라 부르는데, 피오렐라와 마이어의 연구에서 '가상 제자'에게 수업을 녹화해 설명한 그룹은 단순 복습 그룹보다 전이 문제 점수가 20%P 더 높았다.

설명 과정에서는 내용을 조직화해 논리 흐름을 만들고, 질문을 예상하며 잠재적 공백을 스스로 발견하고, 청중과 대화를 하며 즉각 피드백을 받는다.

연구 결과들도 말하지만, 나의 경험을 통해서도 이 방법은 가히 최고라고 할 수 있었다. 우선 나 스스로가 과외선생으로서 모든 단원들을 학생들에게 설명하면서 고등학교 때를 훌쩍 뛰어넘는 탄탄한 지식을 갖추게 되었다. 그리고 나도 나의 학생들에게 항상 설명해 보라고 시켰다. 정말 긴장하고 힘들어했지만, 효과는 정말 좋았다. 어떤 학생은 "정말 뭔가를 알게 된 것 같아요!"라고 고백했다.

편한 길보다 '힘든 길'이 진짜 공부

같은 1시간을 써도 보기/읽기 → 쓰기/말하기 → 설명하기로 갈수록 체력이 더 든다. 그러나 에너지 소모만큼 뇌의 시냅스가 넓고 두껍게 연결된다. 처음엔 번거롭고 느려 보여도, 장기적으로는 학습 시간을 단축시키는 투자다.

"오늘은 좀 읽지 뭐!", "인강을 우선 좀 보지 뭐!"라는 생각을 이겨내는 것이 핵심이다. 뭘 읽거나 듣더라도 반드시 노트로 메모하면서 하자. 그리고 다음 날 친구들과 이 토픽에 대해 조잘거려 보자. 그리고 나의 학생들처럼 "정말 알게 되는 기쁨"을 누리길 바란다.

부모 스크린타임이
아이 성적을 결정한다

내 폰의 스크린타임을 확인하자

얼마 전 내가 가끔 들르는 부모 커뮤니티에서 이런 글을 봤다.

"고등학생 이전까지 부모 육아 방침 1번은 무조건 미러링… 부모가 바른 말 고운 말만 쓰면 아이도 바른 말 고운 말을 쓴다. 책도, 운동도, 스마트폰도…"

순간 뜨끔했다. 내 스마트폰 사용 시간을 보면 아이에게 "휴대폰 좀 그만 봐!"라는 말이 얼마나 공허한지 쉽게 알 수 있기 때문이다.

한국 속담에 "윗물이 맑아야 아랫물이 맑다."는 말이 있다. 일

본 속담에도 "자녀는 부모의 등 뒤에서 배운다(子は親の背中を見て育つ)"
는 말이 있다. 두 속담 모두 결국 아이는 부모의 거울이라는 사실
을 이야기한다. 부모가 책을 읽으면 아이도 책을 집어 들고, 부모
가 운동을 시작하면 아이도 따라 몸을 움직인다. 부모가 약속을
잘 지키고 규칙적인 생활을 하면 아이는 그것을 자연스럽게 삶의
기본값으로 받아들인다.

최근 발표된 연구들도 이 점을 명확히 한다. 2024년 홍콩·퀸
즐랜드 공동연구에 따르면, "부모가 권장되는 24시간 운동·수면
지침을 지킬 때, 미취학 자녀 역시 같은 지침을 지킬 확률이 유의
미하게 높다."고 한다(PubMed). 반면 2023년 케임브리지-UCD 연
구팀은 "세 살 무렵부터 소리치기나 체벌 같은 거친 훈육을 자주
경험한 아이는 아홉 살이 되었을 때 정신 건강 고위험군으로 진입
할 확률이 1.5배 높아진다."고 밝혔다(ScienceDaily). 시키기만 하는
훈육, 강압적 방식이 왜 효과가 없는지, 이 한 줄이면 충분히 이해
된다.

최후의 보루가 되어준 엄마의 모습

극심한 사춘기를 보내고 서울대에 진학한 한 학생의 수기도
이와 맥락이 닿는다. "끝없이 방황하다 어디부터 손대야 할지 막
막했을 때, 식탁 끝에 조용히 앉아 책을 읽던 엄마의 모습만 계속
떠올랐다. 그래서 나도 그 자리부터 다시 잡았다." 잔소리나 훈계

가 아니라, 몇 년 전 엄마가 보여준 조용한 모습 하나가 아이를 제자리로 돌아오게 한 것이다.

거울부터 닦자

그러니 초중생을 키우는 우리도 오늘부터 거창한 비법을 찾기 전에 먼저 거울부터 닦고 스스로를 바라보자. 스마트폰을 내려놓고 책 한 장이라도 펼친다. "빨리 숙제해!" 대신, 나부터 자리를 잡고 무언가에 몰입해 본다. 운동화를 신기 싫어하는 아이 앞에서, 아빠가 먼저 뛰러 나간다. 약속 시간을 지키며 "기다리게 해서 미안"이라는 모습을 보여준다.

완벽할 필요는 없다. 아이 앞에서 노력하는 흔적만 보여줘도 충분하다. 오늘 조금 틀려도 내일 다시 시도하면 된다. "너는 왜 못 지켜?"라고 말하기 전에, 먼저 거울 속 내 모습을 한 번 더 확인해 보자.

훈육은 결국 말이 아니라 행동이다.

풀가동·풀휴식:
완급조절이 성적 곡선을 바꾼다

요즘 나오는 드라마에서 학창 시절 장면을 보다가 뜨끔했다. 전교 1등 여학생이 산으로 트래킹을 가서도 등산 대신 문제집을 푸는 장면이 나와서였다. 내가 그랬다. 초등학교 5학년 때 소풍 가는 버스 안에서. (선생님께 야단을 맞고 집어넣긴 했다.)

지금 생각하면 얼마나 멋없는 모습인가? 1년 중 가장 즐거워야 할 며칠 중의 하루인데 어린 마음에 도대체 무슨 생각이었는지 기억이 나질 않는다. 공부벌레라는 걸 보여주고 싶었을까? 이제 와서 새삼 부끄럽다.

학생들을 보다 보면 - 그리고 학부모들도 마찬가지로 - 완급조절이 안되는 사람들이 참 많다. "선생님, 저 내신 끝나자마자 바로 올게요!" 하면서 정작 시험 기간에는 건성으로 보낸다.

완급조절을 잘해야 한다. 우선 공부를 할 때는 미친 듯이 밀어붙여야 한다. 주변의 조그마한 소리에도 엉덩이가 달싹달싹하고 있으면 안 된다. 내가 마음먹은 시간 전엔 일어나지 말고 시간이 되어도 문제가 남았으면 끝내고 일어나야 한다. 내신 기간이면 못해도 두 시까지는 하자. 이 잔소리는 다른 곳에도 많이 적어두었으니 이만하겠다.

반면 쉴 때는 푹 쉬자. 밥을 먹으면서, 걸어가면서, 셔틀버스 안에서 왜 그렇게 책을 놓지 못할까? (영어 단어까지는 이해하겠는데, 걸으면서 기하학 문제는 너무하지 않는가?) 시험 좀 못 봤다고 끝나자마자 책을 잡아봤자 들어오지도 않는다. 시험기간 내내 열심히 하지 않은 스스로를 알고, 또 그 결과에 실망해서 자기 위안하는 것밖에 더 되는가? 오히려 시험기간에 한계까지 밀어붙였다면 며칠은 영화도 보고, 성수동에 놀러 다녀와도 스스로 전혀 부끄럽지 않을 것이다.

공부할 때는 무섭게 몰입해서 하고, 그렇게 부모도 끽소리 못할 정도로 인상을 남기고, 또 쉴 때는 당당하게 쉬자. 그리고 우리 부모들도 쉴 틈도 줘가며 그렇게 완급조절을 시키자. 아이들은 기계가 아니지 않나.

거실·독서실·카페, 어디서 집중이 폭발할까?

사람도 결국 생물이고 환경의 영향을 받는다. 더구나 있는 힘껏 지식을 넣고 사고하려는데, 주변 환경이 공부에 적합하지 않다면 당연히 효율이 안 좋다.

최고의 공부환경은 본받을 만한 자극이 있고, 거기에 약간의 강제가 더해진 환경이다. 모든 환경이 이 두 가지 요소의 싸움인 것 같다. 각각의 환경에서 최대한 집중할 수 있는 팁을 알아보자.

집

부모가 같이 공부하거나 책을 읽을 수 있는 거실이라면 최고의 환경이라 하겠다. 위의 조건을 모두 충족하지 않는가? 거대한 책상을 거실에 두고 두 명이서 공부나 작업을 할 수 있는 자리를 마련했다.

집의 최대 단점이라면 풀어지는 것이다. 이는 세션(session)이라는 룰을 정해 어느 정도 해결했다. 너무 힘들지 않으면서도 집중할 수 있는 시간을 80분으로 잡고, 꼭 엉덩이를 붙이고 있도록 부탁했다. 이 말은 물 마시기, 요기, 화장실 가기 등을 쉬는 시간에 적극적으로 챙기라는 말이다. 단원이 끝나면 다음 단원으로 넘어가더라도 시간을 채우고, 문제를 못 풀어도 시간이 되면 쉬게 했다.

잠이 오면 세수를 하든, 커피를 마시든, 환기를 하든 적극적으로 움직여줄 줄 것을 주문했다. 그런데 일단 졸리기 시작하면 이게 진짜 힘든 것은 알고 있다. 낮잠과 미리 마시는 커피 등으로 예방하는 것이 더 낫다.

우리 부부는 재택근무가 왕왕 있는 환경이라, 오후 시간에는 거실이 좀 시끄러울 때가 있었다. 또 조용히 인터넷 강의를 들을 때도 있어서 방에 작은 책상을 넣어주고 가끔 쓰게 했다. 그런데 확실히 거실에 있을 때보다 자세도 안 좋고, 꾸벅꾸벅 졸 때도 있었던 것 같다. 특별한 일이 없으면 거실에서 공부하도록 했다.

학원 독서실

중2 중반부터 다닌 영재고 입시 학원에서는 밤 10시에 수업을

마치면 10시 반부터 12시 혹은 새벽 1시까지 자습할 수 있게 자습실을 마련해 줬다. 지키는 선생님도 있고, 폰도 제출하도록 되어 있었다. 공부 잘하는 경쟁자이자 친구들이 열심히 하는 모습은 자극이 되었을 것이다. 처음에는 주 3일만 하고 나머지 날짜에는 집에서 수행평가 준비나 숙제를 하는 시간을 가졌었는데, 후반에 입시가 임박한 몇 개월은 꾸준히 1시까지 했던 것 같다. 덜 졸리도록 미리 조금만 챙겨주면 크게 다른 곳에 정신 팔리지 않으면서 공부하기 좋은 환경이었다.

도서관, 카페

내신 기간, 명절같이 학원은 쉬는데 집에서만 하루 종일 있기 노 지겨울 때는 같이 도서관에 자주 갔다. 도서관에 가면 열심히 공부하는 사람은 가끔 보일 뿐, 쇼츠와 서핑을 즐기는 사람들이 더 자주 보인다. 그래도 또래 친구끼리 주변사람이 불편할 정도로 키득거리면서 잡담을 하는 무리에 비하면 양반인 편이다. 밤 11시면 이런 친구들이 어깨를 늘어트린 채 터벅터벅 대기하던 부모님 차에 올라타는데, 전후를 다 본 나로서는 웃음이 나온다.

그래도 우리는 잠이 오면 서로 깨워줘 가면서, 밥도 같이 먹고 해서 나름 알차게 공부했던 것 같다. 나는 옆에서 주로 책을 읽었다. 한 곳만 가면 지루하기에, 도서관도 중앙도서관이랑 서현도서관을 돌아가면서 다녔다. 스타벅스 같은 카페는 자리도 불편하고 공부할 환경도 별로지만, 우리는 로봇이 아니기에 가끔 못 이기는 척 가서 같이 해줬다.

만약 아이가 도서관이나 카페에 친구들이랑 가서 공부하겠다고 하면 "재밌게 놀다 와~" 하고 보내든지, 아니면 집에서 그냥 시켰으면 한다. 거의 통제가 불가능한 수준의 분위기이다. 이런 곳에 혼자 보내는 시간이 많아질수록 부모가 가늠하는 공부 시간과 실제 공부 시간의 괴리가 커지는 것 같다.

어디서든 자기 하기 나름이라는 말은 유혹이 많은 지금 시대에 너무 무책임한 말인 것 같다. 아이에게 잘 맞으면서도 적당히 긴장할 수 있는 공간을 잘 세팅해 보자.

협박하는 학원을 피하자

아이를 보내보니 대체로 좋은 학원이 안 좋은 학원보다 훨씬 많았던 것 같다. 지금까지 마음에 안 들어서 뺀 학원이 1/5도 안 되니, 대부분 만족하고 다녔던 셈이다. 그래도 그 와중에 학원을 고르는 날카로운 눈이 있으면 좀 더 시행착오를 줄일 수 있겠다. 돈도 돈이지만 다시 오지 않는 황금 같은 시간의 문제이기도 하다.

협박하는 학원

레퍼토리도 비슷비슷하다. 학생이 남들에 비해 도태된 것 같다. 자신들은 그것을 해결할 수 있는 만능의 포뮬러가 있다. 안 들으면 망하고, 들으면 무조건 성공할 듯 광고한다. 그런데 실제로 들어가 보면 특별한 커리큘럼이 있는 것도 아니고, 기출문제 대량 풀이가 다인 곳도 있다.

초등 6학년 말, 기존 영어학원이 초등반밖에 없어 새로운 영어학원을 알아보다가 정자동 K학원을 두어 달 보내게 되었다. 영어 업계에서는 대치동 바이브라고 불린다는 학원이었다.

당시 입학설명회 동영상에 겁을 먹었던 것을 고백한다. 그리고 우리가 등록까지 했으니, 그 학원의 입장에서는 성공했다고 볼 수도 있겠다. 영유부터 초등까지 탄탄히 즐겁게 영어를 배운 친구들도 준비를 따로 하지 않으면 중학교 영어 내신에서 쓴맛을 보게 된다며, 분당 내 중학교 여러 곳의 내신 문제를 프레젠테이션했다.

정말 내가 30년 전에 하던 영어공부 그대로였고, 귀하게 길러온 유창한 영어가 다 죽을 것 같아 2개월도 안 되어 그만두었다. 중학교 내신은 간단한 인강 하나를 듣는 것으로 충분히 대비되었고 결과도 좋았다.

영재고 합격 후 학원들도 크게 다르지 않다

영재고 관련 학원은 크게 영재고 준비, 입학 전 대비, 내신 학원으로 나뉜다. 여기서 특히 일부 입학 전 대비 학원, 내신 학원들이 무지의 공포를 이용해 학생들을 모집한다. 입학 전에는 가뜩이나 특이한 학제인 영재학교에 대해 많이 알지 못하는 학부모에게 겁을 준다. 다들 이만큼씩 해오는데 댁의 자녀는 무얼 하고 있냐고. 한과영의 경우 1학년 때 pass/fail밖에 없으니, 2학년이 되면 큰 코 다칠 거다. 다른 영재고의 경우도 B가 몇 개라도 보이면 엄청 큰 일인 것처럼 호들갑인 곳도 있다.

공포 마케팅을 왜 할까?

학년과 과목만 다를 뿐, 이런 학원들이 종종 보인다. 그들은 결국 담백하게 학원을 소개하고 선택을 받을 자신이 없는 건지도 모르겠다. 겁을 주어 학부모를 불안하게 하고, 학생의 지금 모습을 폄하한다. 그렇게 해서 지갑을 열게 한다. 갖고 있는 강한 메리트가 없으니, 공포로 그 자리를 채우는 것이다.

정자동의 M학원, J학원처럼 스스로의 장점이 명확한 - 100% 원어민 수업, 탄탄한 커리큘럼 등 - 곳에 상담을 받으러 가면 그냥 차분히 자신들의 교육을 설명한다. 부모가 믿고 맡길 수 있겠다 싶으면 등록을 하면 된다.

학생을 존중하는 학원에 보내자

상담하는 학생을 한없이 내려치기를 해서 자신들의 존재감을 과시하는 학원은 피하자. 혹은 앞으로 펼쳐질 앞길에 괴물이 드글드글하다고 엄포를 놓는 곳도 별로다. 그것보다 학생의 가능성과 약점을 진지하게 안내하고, 같이 간다면 어떤 것을 부어줄 수 있는지 제시하는 학원이 더 낫겠다. 상담 중 가슴이 콩닥콩닥한다면 일단 한 번 쉬어가는 정도의 묘는 발휘했으면 좋겠다.

제4부

효과가 좋았던 공부 꿀팁

도대체 얼마나 공부를 해야 갈 수 있을까?

학교의 주선으로 아이가 중학교 후배들에게 간단한 입시설명회를 두어 번 한 적이 있다. 이 중 가장 핫했던 질문은 "도대체 공부를 얼마나 해야 하는가?"였다. 학기 중과 방학 때 하루를 어떻게 보내는지 풀어보면 궁금증이 조금은 해소될 듯하다.

학기 중 공부

다행히 집이 학교랑 가까워서 8~8:30 정도에 일어났다. 샤워하고 빵 한 조각 먹고 가도 지각하지 않을 정도의 스케줄이었다. 오케스트라 공연 전에는 30분씩 바이올린 연습이 있어 7:30에는 일어나야 시간을 맞출 수 있었다.

1~2학년 때 점심시간과 쉬는 시간에는 잡담하고 노는 편이었

는데, 3학년쯤 되니 시간이 모자랐는지 그 시간까지 할애하기 시작했다. 학교는 월수금은 3:30, 화목은 수업이 하나 더 있어 4:20에 마친다. 다만 종례, 선생님 호출, 학생회의 등으로 그냥 4:30에 온다고 생각하는 편이 오차가 적었다. 시간이 살짝 남으면 유튜브나 게임도 이때 주로 했다.

이 타임에 최대한 낮잠을 자게 해주었다. 똑같이 계속 재우니 리듬이 생겨서 나중에는 더 푹 잤던 것 같다. 저녁 먹고 바로 학원에 데려다주었다.

학원에서는 밤 10시까지 수업이 진행되고, 학원에서 준비한 자습실에서 학원 숙제와 공부를 거의 끝내 왔다. 집에 와서도 모자라면 조금 더 하곤 했었다. 보통은 새벽 1시 정도에 취침했고, 정말 부족할 때는 2시까지 가끔 하곤 했다.

요약해 보면, 잠자는 시간이 밤잠 6~7시간 + 낮잠 40분으로 지속가능할 정도였고, 혼자 하는 공부 시간은 하루 3~4시간, 학교와 학원이 모두 없는 토요일은 9시간 정도였다. 이것보다 더하려고 해도 어차피 집중력도 떨어지고 지속가능하시도 않았다.

아이의 친구들 중에는 새벽 3시까지, 혹은 4시까지 공부했다고 자랑하는 친구들이 더러 있는 것 같았다. 그리고 고양감이 들

없는지 주변에 자랑도 좀 하는 듯했다. 아이도 이런 친구들을 보면 자신이 부족한 게 아닐까 하고 불안해했다. 그런데 내가 학생들을 가르쳐 본 경험에 따르면, 새벽 3시까지 얼마나 밀도 있게 공부했는지도 모르겠고, 설사 만족할 정도였다 하더라도 이 하루의 뿌듯함으로 2~3일을 쉬엄쉬엄 해버리기도 하는 것이 다반사였다. 절대 좋은 공부법이 아니다. 지속 가능한 수준에서, 할 때 집중해서 하는 것이 아웃풋이나 멘탈 관리 면에서 훨씬 낫다.

겨울방학 - 가장 공부량이 많았던 시기

절박함이야 3학년 봄이 최고조였지만, 순수한 공부량은 방학과 비교할 수 없다. 학원에서 우선 1시~5시 프로그램이 추가되니, 오전 시간은 이를 위한 예복습으로 또 채워진다. 다행히 토요일은 여전히 비어 있으니, 못다 한 숙제나 복습을 하면서 한숨 돌리기도 했다.

수업만으로도 하루에 8시간, 주 48시간에 달하고 이를 백업하기 위한 자습시간은 아무리 시간을 쪼개고 긁어모아도 모자랐다. 5시 10분~ 50분이 식사시간인데 주변의 밥집에 가면 기다리는 시간도 있고, 자주 먹으니 질려서 그냥 매번 사다 날랐다. 2개월이 어떻게 지나갔는지 모르겠다.

이런 빡빡한 스케줄 때문에 약한 부분을 별도로 공부하기는 힘들었다. 징검다리 연휴나 명절을 이용해 꼭 필요한 부분들을 채웠다. 오죽했으면 개학하고 나니 오히려 약간 쉬는 듯한 느낌이었을까.

오늘의 하고 싶은 것들을 꾹 참아가며 한 글자 더 보려고 아둥바둥 공부했던 아이의 모습들이 기억난다. 거기다 나는 무엇이 아쉬워서 그렇게 잔소리를 얹으려 했을까. 이 스케줄을 견디고 기어코 원하는 걸 얻어낸 모든 친구들에게 경의를 표하고, 또 종이 한 장 차이로 아쉽게 탈락한 친구들에게 심심한 위로를 보낸다.

실패할 수 없는
궁극의 내신 대비

중학생만 되어도 정말 바쁘다. 고입 입시를 치르려는 중학생이라면 더더욱 그렇다. 수과학 심화와 선행도 하고, 탐구도 챙겨야 되는 와중에 내신기간은 빠지지 않고 돌아온다. 우리 아이 때는 2학년 때부터 내신이 있었지만, 이제는 1학년 부터이다. (자유학년제가 자유학기제로 바뀜)

영재고 시험에 2단계가 당락을 거의 좌우하긴 하지만, 내신에 신경을 안 쓸 수도 없다. 수과학 공부에만 신경 쓰다가 내신에 B가 떠버리면 당장 1차 서류전형이 불안해진다. (완전히 안 되는 건 아니지만, 서류에서 이를 상쇄하는 특별함을 보여줘야 한다는 부담이 더 커진다.) 실제로 너무 영재고 입시에만 올인하다가 B가 떠서 학원 톱 반을 떠난 친구들이 꽤 있었다.

만약 영재고에 떨어졌다고 해보자. 그러면 지필도 없는 과학고와 자사고에서 무엇으로 학생들을 뽑을까? 내신의 영향력은 더 커진다.

이제 단 한 번도 위험수위까지 내려가지 않았던 내신 준비 비결을 풀어본다.

시험에 대한 하한선을 설정

나는 종종 이것을 시험에 대한 예의라고 부른다. 시험에 대해 건방지지 않게 예의를 지킨다는 것이 어떤 의미인지 알아보자. 내신 기간은 3주, 입시가 임박해지면 2주 정도로 잡자. 내신 직전 주는 새벽 2시까지 공부하는 것을 기본으로 한다. "그렇게까지?"라고 물어볼 필요가 없다. 많은 최상위권, 심지어 중상위권 학생들까지 이렇게 한다. 과거 나 때부터 그래왔고 지금도 그렇다. 누군가-특히 상위권이- "아, 어제 공부 하나도 못 했어. 잠깐 쉰다고 누웠는데 자 버렸어."라고 하는 말을 절대 그대로 믿지 마라. 내신은 오전에 끝나니, 잠은 점심 먹고 1시간 정도 보충하면 충분히 가능하다. 일주일 정도 체력을 집중해서 당겨쓰는 셈이다.

기본 내용을 숙지한 후, 문제집은 과목별로 4권을 푼다고 생각하자. 과목 수까지 곱해보면 엄청 많은 것 같지만, 한 권의 1/4만 풀기 때문에 의외로 금방금방 끝난다. 여기서도 요령이 있는

데, 좀 잘 나오고 자신 있는 과목은 약간 줄이고, 어려운 과목, 탄탄히 나오지 않는 과목, 의외로 실수가 나오는 과목들은 더 추가한다. 그런 와중에 4권을 기억하자는 이야기다. 1~2권은 전혀 꼼꼼히 준비하는 것이 아니다.

나눌수록 내가 이득

아들은 2학년~3학년 동안 총 여덟 번의 내신을 치렀는데, 수시로 단원 요약 노트를 친구들과 공유했다. 반 회장을 하던 학기에는 전체 반에 아예 공지로 공유해버렸다.

아래는 요약 노트의 예시이다. "진짜 공부" 챕터에도 적어두었지만, 진정한 공부는 듣거나 읽을 때가 아니라, 머릿속에서 꺼낼 때 일어난다. 내 과목별 과학 교재도 모든 단원의 암기부를 이렇게 구성해 두었다. 학생들은 내가 숙제를 내주면 으득 이를 갈면서 적의(?)를 드러내며 싫어하지만, 막상 시험 때가 다가오면 두 번 세 번 출력해 달라고 부탁한다.

이렇게 열심히 준비해 놓고 혼자서 쓸 수도 있지만, 오히려 공개하는 게 더 좋았다. 우선 스스로 외부에 공개될 것을 생각해 더 엄밀하고 정확하게 공부하게 되었다. 친구들도 같이 보면서 잘못된 부분들을 알려주기도 했다.

철기 시대	철기 시대 사회의 변화	- 중국과 교류(명도전, 붓) - 생산량 증가, 전쟁 증가
	철기 시대의 도구	의식용 : 청동기 이용 / 일상생활 : 철기 이용
	ㅊㄱ의 사용	농기구, 무기
	ㅊㄷㄱ의 사용	의식용 도구나 장신구(세형동검, 거푸집)
	철기 시대의 종교/예술	무덤 : 독무덤, 널무덤

철기 시대	철기 시대 사회의 변화	
	철기 시대의 도구	
	ㅊㄱ의 사용	
	ㅊㄷㄱ의 사용	
	철기 시대의 종교/예술	

- **요약 노트 예시**: 오른쪽 부분은 비운 채로 적을 생각을 하고 처음부터 만든다. 왼쪽의 키워드만 보고 기억을 살려내서 적는 연습.

친구를 경쟁상대로 생각할 필요도 없다. 요약 노트는 만들 때부터 이미 공부가 된다. 방대한 내용 중 필요한 것을 선별하고, 긴 문장을 축약하는 과정 속에서 뇌 속에서는 이미 고도의 정신 작용이 일어나고 있다. 쉽게 빌어서 쓰는 친구는 절대로 갖지 못할 공부 기회를 우리 아이는 이미 누렸다고 생각하자.

반에서 쉬는 시간에 친구들끼리 물어보고 답하고 하면서, 자

첫 삭막할 수도 있는 내신기간에 서로 위로도 좀 되고 교우관계도 챙긴 것은 덤이었다. 의도하진 않았지만, 생기부나 교사 추천서까지 이 노트 공유 에피소드가 들어갔다. 여러모로 도움이 많이 되었던 요약 노트였다.

암기 프로그램 이용

역사에서 연도 외우기나 영어 단어 외우기, 국어에서 발음 결과 같이 답이 정해져 있는 공부거리는 암기 프로그램을 적극적으로 이용했다.

코딩을 조금만 할 줄 안다면 직접 만들어도 되고, Quizlet 같은 사이트를 통해 만들어도 된다. 자료를 입력하면서도 공부가 되고, 프로그램을 실행한다는 것은 끊임없이 누군가가 질문해 준다는 의미이므로 아주 빠르게 습득할 수 있다.

내신을 '이겨야 할 전투'로 두지 말고 '관리해야 할 리듬'으로 내려놓아라. 투자하는 시간과 풀이 양으로써 시험에 대한 예의 표하기, 요약 노트 만들기, 암기 체크 프로그램, 이 세 가지를 굴리면 실패 확률은 0에 수렴한다. 그때부터 내신은 우리의 입시 열차를 멈추게 하는 신호가 아니라, 장거리 레이스를 위한 급유소가 된다.

명절 4일 = 약점 과목 1개 끝내기 프로젝트

영과고든 자사고든 본격 입시를 시작하고 나면 변변한 방학 한 번 없이 시간표가 계속 돌아간다. 그러다 보면 뭔가 구멍이 있어서 자신이 없는 과목이나 영역을 해결하고 싶은 마음이 있더라도 좀처럼 따로 시간을 마련하기가 어렵다. 특히 하루 1시간 혹은 매주 주말 4시간 같이 시간을 내어서는 기간도 길어질 뿐 아니라, 우선순위에도 밀려 끝을 못 보게 되는 경우가 많다.

이럴 경우 차라리 명절 4~5일 연휴, 징검다리 연휴 같은 시간을 적극 활용하자. 우선 이 사이에 학원이나 숙제가 좀 끼어 있다면 차라리 이를 빼거나 미루면서 온전한 시간을 확보하자. 강의를 고르는 것과 교재를 배달받는 것, 플레이어 설치 등도 당연히 미리 해두어야 한다.

강의는 시간을 자유롭게 쓸 수 있는 인터넷 강의가 좋다. 현강이 내가 필요한 시간에 나의 약점을 위해 딱 준비되기란 현실적으로 힘들다.

우리는 총 네 번 정도 이런 기회를 가졌던 것 같다. 중2 여름, 새 학원에 입학 후 반 배치고사를 치기 전까지 시간이 좀 있었다. 이때 남들에 비해 공부가 부족했던 물리와 화학을 위해 EBS 수능특강 강의를 듣고 문제를 풀었다.

그해 9월 말 추석에는 늦은 영재학교 입시 수학 공부를 메꾸고자 영재수학모의고사 강의(엠베스트, 오동훈)를 들었다. 추석 연휴 동안 끝내기에는 양이 좀 많았는데, 이미 상당 부분 공부했기 때문에 힘을 좀 내서 이후 주말 등에 조금씩 나누어 들어서 끝냈다. (다시 이야기하지만, 처음부터 이렇게 나누어서 하기는 힘들다. 끝이 보이니 마무리 정도는 조금 넘어갈 수 있다는 말이다.)

4월 말에는 내신으로 학원은 쉬지만, 시험공부까지는 며칠 남은 시간을 이용했다. 창의적 사고력 마스터 프로젝트 (엠베스트, 오동훈) 강의는 다양한 문제의 풀이를 구경시켜 주는 것이 아니라, 왜 이런 발상을 해야 하는지를 보여주는 강의여서 좋았다. 어쩌다 엠베스트 강의를 2개나 추천하게 되었는데, 같은 사이트의 어떤 강의는 유명한 선생님이었지만, 오히려 실망해서 돈을 버린 경우도 있다. 샘플 강의를 꼭 듣고 잘 맞는지 확인이 필요하다.

    학생들도 장거리 레이스다 보니 쉬어야 한다. 그렇지만 그것은 매주 적당한 시간을 확보해 두고 하는 것이 좋아 보이고, 시간이 났을 때 3~4일 쉬어버리는 것은 리듬이 깨져서 오히려 안 좋은 것 같다. 어영부영하다 보면 아무것도 얻은 것이 없게 지나가 버릴 수도 있는 시간이다. 차라리 이 시간을 자신의 약점을 메꿔 자신감을 가지는 시간으로 활용해 보자.

낮잠 40분, 밤 2시간을 벌다

1년 가까운 시간 동안 새벽 1시, 어떨 땐 새벽 2시까지 공부를 하고 잤다. 잠이 적은 아이도 아닌데 어떻게 이게 가능했을까? 비결은 낮잠이다.

새벽 2시에 잠들어서 아침 8시 반까지 6시간 반, 여기에 낮에 학교에 다녀와서 저녁 먹기 전까지 짧으면 40분, 길게는 1시간 정도 재워서 꼭 7시간이 넘는 수면시간을 확보했다.

학교에 다녀오면 이미 피곤한 상태인데, 여기서 휴식 없이 밤 늦게까지 하는 것은 너무 힘든 일정이다. 밤에 좀 일찍 자는 것보다 낮잠을 한 번 자고 일어나면 피로도 많이 회복되고 하루를 이틀처럼 쓸 수 있었다. 특히 내가 권하는 이 시간은 폰을 보거나 게임을 하면 아무 쓸모 없이 지나가 버리는 자투리 시간이어서 낮잠으로 쓰기에는 안성맞춤이다. 실제로 어떤 날은 이런저런 이유로 낮잠시간을 놓치기도 했는데, 그런 날은 밤에 너무 힘들어했다.

우리가 아는 유명한 위인들도 낮잠을 즐겼다. 아인슈타인은 충분한 수면이 창의성과 문제 해결 능력을 향상시킨다고 믿었다. 그는 매일 밤 약 10시간의 숙면을 취했을 뿐만 아니라 낮잠도 즐겨 잤다. 이러한 휴식 시간이 복잡한 이론을 정리하고 새로운 아이디어를 떠올리는 데 도움이 되었다고 했다.

영국의 총리였던 처칠은 매일 오후에 1~2시간 정도 낮잠을 잤다. 그는 낮잠이 자신에게 두 번째 하루를 선사한다고 말하며, 이로 인해 늦은 밤까지도 활발하게 일을 할 수 있었다고 했다. 심지어 전쟁 중에도 이 습관을 유지하여 피로를 극복하고 중요한 결정을 내리는 데 도움이 되었다고도 했다.

발명가인 에디슨도 밤에 잠을 적게 자는 대신, 하루에 여러 번 짧은 낮잠을 취했다.

우리가 아껴야 할 시간은 자는 시간이 아니라 깨어있는 시간이라는 말을 들은 적이 있다. 정말 공감이 가는 이야기다. 지속가능할 정도의 충분한 수면시간을 확보해 주되, 중간에 가능하다면 낮잠을 꼭 한번 시도해 보자. 개운한 오후 시간을 보낼 수 있을 것이다.

가고 싶은 학교,
김칫국 마시며 견학하기

어른의 입장에서는 이게 별 건가 싶었는데, 동기부여 효과가 정말 좋았던 것 같다.

KAIST

KAIST 캠퍼스는 외부인에게 딱히 막혀있는 곳이 아니라서 벚꽃 철이나 단풍철에 외부인들도 많이 구경을 온다. 벚꽃 철이 딱 중간고사 기간이고, 시험이 끝나면 속절없이 꽃이 져버린다는 사실은 공공연한 비밀이다.

어느새 학부 때 가봤던 건물보다 모르는 건물이 더 많아져서 나도 구경할 겸 하나하나 아이에게 소개를 해주었다. 기숙사와 학부 식당, 과거에는 목욕탕 같았지만, 어느덧 리모델링이 끝난 여러 건물들. 동아리방이 가득 있는 건물에서 요기도 하고 우주선처럼 생긴 체육관을 지나 계속 산책을 한다. 초코바가 꽂혀있는 티라미슈 케이크 같은 학술문화관과 거기의 터줏대감 거위들도 구경한다.

지나다니다 보니 학생들이 이야기하는 것을 엿들을 수 있었는데, 정말 딱 내가 아는 그 분위기였다. "날씨가 왜 이러냐?", "오늘 고기압과 저기압 사이 등압선이 촘촘해서 그래." 족구를 하는 팀에서는 "충격량을 더 실으라고!"라는 주문이 들려온다. 사회에서 하면 이상한 사람으로 취급받을 것 같은 대화들이 아무렇지 않게 오가는 분위기가 아이를 자극했다.

여담이지만, 나는 이 분위기가 서울대랑 카이스트의 문화 차이라고 생각한다. 일전에 대치동에서 과외를 할 때, 선생님들 모임이 있었다. 맥주 한잔을 할 기회가 있었는데, 잡담을 하다가 종

이가 없어 휴지에 펜으로 수학문제를 풀기 시작했다. 이 상황을 서울대 선생님들은 "으잉?" 하면서 쳐다보고, 카이스트 선생님들은 아무렇지도 않게 보고 있었다. 아무래도 종합대학과 공대, 자연대만 있는 대학의 차이가 아닐까? (얕은 경험에 의한 생각이니 다르게 생각한다면 양해 바란다.)

서울대

서울대도 간 적이 있었다.

카이스트가 학생 수에 비해 참 넓긴 하지만, 절대적인 수치로는 서울대가 네 배 정도 더 크다. 학교 안에까지 버스 노선이 있는 위엄.

긴 도로를 따라 끝까지 올라갔다가 내려오면서 하나하나 구경했다. 고등학교 3학년 때 한국 정보 올림피아드에 응시하러 한 번, 학교장 추천 전형으로 전기공학부에 면접 보러 왔던 기억이 있다.

여기서도 굿즈샵은 필수 코스다. 옆에서 보면 샤 모양이 한껏 드리나는 샤도 하나 사고, 그래도 아쉬운지 이것저것 뒤적인다.

학생들을 구경하고 있자니, 멀쩡하게 생겼으면 그런대로, 푸석하게 생겼으면 또 그 나름대로 고뇌가 있는 것 같은 것은 학교 이름이 주는 선입견이겠지? 아이와 별별 얘기를 하면서 캠퍼스를 훑었다.

집에 오는 차에서까지 수다가 이어진다. 두 학교 중에 어디를 선택할지 나는 말을 더하지 않을 테니, 많이 고민해 보고 정하라고 했다. 그리고 거주할 곳은 기숙사가 좋을까, 아니면 가까운 원룸... 누가 붙여준 것도 아닌데, 아주 부자가 어떤 김칫국을 먼저 마실지 심각하게 고민하고 있었던 거다.

견학을 가니 여러모로 좋았다. 강의 듣는 모습, 연구하는 모습을 보고 온 것도 아닌데, 조금 더 힘이 나고 목표가 형상화되는 느낌이 들었다. 그 긴 터널을 통과한 형과 누나들을 보면서 저 일원이 되고 싶다는 생각도 확실히 든다. 책이나 유튜브의 소개와는 또 다른 어떤 현장감이 있다.

공부로 지친 아이들에게 가끔씩 코에 바람을 쏘여주자. 이왕이면 한 번쯤 선망했던 곳으로 가서 처음 마음먹었던 그 기억을 환기해 주면 어떨까?

쉬운 것에 안주하지 않는다.
"레벨 업을 부르는 '성공 털기' 습관"

우리는 학교 공부 이외에도 비교적 다양한 비교과 활동들을 진행한 편이었다. 가끔씩 나이를 넘어서는 결과물로 주변의 주목을 받기라도 하면 한껏 뿌듯해하기도 했다. 그래도 이런 뿌듯함이 좀 과할 때는 아쉬운 모습이 잠시 잠시 나타나 애를 먹은 적이 있다.

안주하고 싶은 마음 vs 그걸 막는 자

초등 5학년 때 《3080》이라는 영어 소설을 쓴 적이 있었다. 뭔가 우주에서 벌어지는 SF 소설이었는데, 초등생이 쓴 만큼 그냥 귀엽게 읽을 수준이었다. 그래도 주변에 어른들이나 친구들이 "오~ 소설을? 그것도 영어로?" 하고 놀라워해 주고 띄워주니 그게 좀 독이 되었던 것 같다. 어느 정도 가지고 놀았으면 딱 끝맺음을 짓고 다음으로 넘어갔으면 했는데, 친구가 끼어들고 수정에 확장을 하다가, 결국 의가 상하는 일까지 일어났다. (그래도 그것 자체로 좋은 경험이었다. 공동작업 시 초기 역할 협의가 중요한 것도 알았고, 서로 힘들 때는 꼭 같이 가지 않아도 되는 것도 이해했다.)

과학탐구 프로젝트에서도 그런 면들이 보일 때가 있었다. 어떤 주제에 대해 고등 선행 공부도 좀 하고, 코딩도 고생해서 해내고 나면 꽤나 그럴듯한 결과물과 보고서가 남는다. 칭찬도 한껏 해주고 다행히 수상까지 하고 나면, 다음 프로젝트는 여기서 파생된, 옆그레이드 수준으로 하려고 하기도 한다. 물론 그런 두 번째 시도는 지적 성장도 기대할 수 없거니와 같은 학교 교사에게 인정받을 리도 없다. 좋았던 결과를 뒤로 하고 완전히 새로운 키워드를 넌지시 몇 개 던지면서 한 단계 더 어려운 길을 갈 수 있게 가이드했다.

어떻게 성공 털기를 할까?

결과에 대한 칭찬도 물론 해도 좋다. 수상을 했다면 칭찬받아 마땅하다. 굳이 입을 꾹 닫고 터부시할 필요도 없다. 세 번이고 네 번이고 해주자.

그래도 그동안 아이가 어떤 것을 이루던 과정을 자세히 보아두었다가, 기억나는 멋진 성장의 모습을 하나하나 구체적으로 칭찬해 주면 특히 좋아한다.

"소설이 정말 재밌더라!" 하고 칭찬도 하겠지만 "소재는 어떻게 찾았어?", "누가 안 시켰는데도 사전을 찾아가며 글 쓰는 게 대단하더라!" 이렇게 힘들지만, 한 발짝 나갔던 순간들을 치켜세워 주자.

"이번 탐구 OO상 축하해!"라고도 하겠지만 "그때 걸으면서 네가 이 주제 말했을 때 대박이라고 생각했어!", "중간에 영 힘들어 하는 것 같더니, 그 부분 어떻게 해결한 거야?" 이렇게 말해주면 더 좋을 것 같다.

밀러와 드웩이 했던 유명한 연구도 있다. 초등학생에게 쉬운 문제를 풀게 한 뒤 무작위로 두 집단에 각각 지능과 결과 위주의 칭찬, 노력과 과정 위주의 칭찬을 한다. 그러고는 다음 과제를 선택하게 하면 특이한 현상이 벌어진다.

과정을 칭찬받은 집단은 더 어려운 과제를 선택하고 실패 후 전략을 바꾸며 지속했다. 결과만 칭찬받은 집단은 쉬운 과제를 다시 선택하고 오류를 숨기거나 성과가 떨어지는 경향을 보였다는 것이다.

결과가 나오고 그것을 칭찬받고 나면, 한번 더 써먹어서 또 주목받고 싶은 귀여운 마음이 들 수 있다. 어쩌면 너무 자연스러운 마음이고, 이런 시도를 힐난할 것까지는 아니다. 예전의 성공은 그 결과대로 온전히 듬뿍 칭찬해 주자. 그래도 새로운 것을 해야 하는 순간이라면 이왕이면 미지의, 도전적인, 힘들지만 뭔가 또 배울만한 것을 해보도록 아이를 응원하고 이끌어보자.

공부 방해하는 4대악 TV, YouTube, SNS, Game – 어떻게 합의할까?

글을 시작하기 전, 이런 부분에서 허용치는 아이마다, 집집마다 다 다를 수 있다고 너무 당연한 말을 한번 하고 싶다. 우리 아이보다 훨씬 게임도 많이 하고 SNS도 전~혀 제한 없이 하던 친구들 중에서 합격한 친구들도 있으니, 이렇게 안 하면 안 된다고 주장할 근거도 없는 것이다.

확실한 것은 천재적이다 싶을 정도로 아이가 발군의 수학적, 과학적 성취를 스스로 보여주는 정도가 아니라면, 좀 제한하는 것이 공부량과 집중 면에서 더 나았던 것 같다. 무엇보다 이런 것을 하면서 보내기엔 시간이 너무 아깝지 않은가.

TV와 YouTube

아주 어릴 때부터 육아 중에 너무 힘들고 밥 먹을 짬도 없을 때만 가끔씩 보여줬었다. 5세가 되었을 때는 얼마 안 되는 시청 분량마저도 영어 콘텐츠로 제한했다. (영어 편에도 써 두었다. 어릴 때는 우리가 이길 수(?) 있으니 꼭 하길 바란다. 정말 강추하는 방법이다.)

5~6학년 때는 런닝맨 같은 친구들과 이야기를 나눌 수 있을 만한 프로그램을 주에 한 개 정도만 허용했다. 그리고 보지 않아도 교우관계에 전혀 문제가 생기지 않았다.

중학교 1학년 때까지는 YouTube 영어 콘텐츠를 하루에 30분 정도 허용해 줬다. 폰에는 앱을 설치하지 못하게 했고, 거실 컴퓨터에서 보도록 가이드해 주었다. 기술, 수학, 과학 등을 주제로 우리나라 스펀지처럼 흥미롭고 등짝 맞을 것 같은 일을 벌이는 채널들을 키득거리면서 봤다. 재미도 있으면서 언어와 학업적 지식도 동시에 채울 수 있어 만족스러웠다. 추천 채널은 부록에 준비해 두었다.

아이의 계정에서는 "유튜브 시청 기록 끄기"와 "유튜브 검색 기록 끄기"를 꼭 해두자. 나의 시청 패턴을 기준으로 끊임없이 새로운 동영상이 뜨는 것을 방지할 수 있다.

SNS

친구들과 연락을 위한 카톡 20분 이외에는 모두 금지했다. 페이스북, 인스타, 틱톡 모두 절대 하지 않았다. YouTube를 포함해 요즘 짧은 자극적인 동영상이 스와이프할 때마다 무한정 제공된다. 글은커녕 10분짜리 동영상도 부담스러워하는 시대에 30초짜리 쇼츠는 보다 보면 한 시간이 훌쩍 가버린다.

《도둑맞은 집중력》이라는 책을 보면, 이 SNS의 피드 추천 알고리즘이 어떻게 사람을 중독시키는지 잘 설명되어 있다. 막연히 'SNS는 안 좋아!'라고 하는 것보다 어떻게 우리의 삶을 병들게 하는지 구체적으로 알게 된다.

게임

게임은 하루에 20분만 허용해 주었다. 매번 말로 그만하게 한 것은 아니었고, 아이폰에 screen time으로 게임 카테고리를 20분으로 설정해 두면 된다. (앱 설치 제한도 여기서 모두 가능하다.)

어떻게 이런 규칙을 유지했을까?

게임이나 비디오 시간이 다른 집보다 많이 짧은 것을 서로 알고 있었다. 어떻게 아이가 이 빡빡한 규칙에 장기간 동의해 주며 여기까지 끌고 올 수 있었을까?

우선 우리 집 누구도 TV를 포함해 위의 것들을 즐기지 않았다. 부모가 집에서나 식당에서 폰만 보면서 아이에게 그러지 말라고 해봤자 통할 리가 없다. 합격 후인 지금도 우리는 집에서 식사할 때나 외식할 때 모두 폰을 내려놓고 서로의 안부를 묻는다. 아이가 위의 것들을 덜 했으면 한다면 우리부터 전우애(?)를 가지고 같이 줄여주자.

게임은 짧은 시간이니만큼 전혀 죄악시하지 않았고, 오히려 패키지를 사주기도 하고, 궁금하지도 않은 것을 이것저것 물어봐 주며 즐기도록 해주었다. 또 일정이 늦어져 잘 시간이 지나더라도 작고 소중한 게임시간은 천부 게임권이 있는 것처럼 보장해 주었다.

동영상 역시 내신 준비 때 며칠 못 보고 지나가면 끝나는 날 세 시간이고 네 시간이고 몰아서 볼 수 있도록 지켜주었다. 원하는 만큼 하지는 못하지만 적어도 그것마저 침해당하지는 않는다는 확신이 이 시스템을 오래 유지시켜 준 것 같다.

아무리 그래도 미래의 수확을 위해 현재의 재미를 미루어준 아이가 가장 큰 원동력인 것은 부인할 수 없는 사실이다.

제5부

영역별 공부 전략

책 읽기 feat. 독서파티

책 읽기는 전체적인 생각의 크기를 키워주고 다양한 과목의 배경지식을 더해준다는 의미에서 너무 중요하다. 여유가 되면 하는 옵션이 아니라 반드시 해야 할 일로 생각하자.

"그래 중요하긴 하지. 하지만 이제는 시간이 없어!"라는 생각이 벌써 머릿속에 드는지 모르겠다. 그렇다면 다른 것을 줄이더라도 책 읽기를 넣어라. 그렇지 않으면 나중에 국어에서 지문을 읽는데 속도가 안 나고, 분명이 한글인데 무슨 말인지 모르겠고, 다양한 과목에서 나만의 특이한 문제해석으로 문제를 틀리게 푸는 일들이 분명히 일어날 것이다. 내가 정확히 고등학교 때 그랬다. 수학, 과학은 되는데 국어와 사회가 발목을 항상 잡았다. KAIST에서 교양으로 독서 수업을 들은 이후 책 읽기에 빠져들게 되었고, 2008년에 그냥 친 수능에서 국어를 현역 때보다 더 잘 봐버렸다.

어떻게 하면 싸우지 않고 책을 자연스럽게 접하게 할 수 있을지 나의 경험을 좀 풀어보고 싶다.

으잉? 책을 읽어주라고?

이 반응은 내가 지인들에게 책을 읽어주라고 말하면 꼭 나오는 반응이다. 잠시만 진정하고 들어주길 바란다.

책을 좀 읽어주자. 아이가 책을 읽는 것과 별도로 우리가 읽어줘야 하는 이유가 있다. 고등학생이나 성인도 일부 그렇지만, 아이들은 읽기능력이 듣기능력에 비해 4살 정도 뒤처진다고 한다. 이 말은 어떤 아이가 스스로 읽을 수 없는 책도 들어서는 충분히 이해하고 소화할 수 있다는 뜻이다. 책에 익숙해져서 '책이란 건 재밌는 것이다.'라는 사실을 알게 되는 것도 물론 의미 있는 소득이다.

아직 아이가 초등 저학년 이하로 어리다면, 매일 저녁 10권 정도 읽어주자. 그 나이 때 읽는 책들은 그림책도 많고 양이 작으니 충분히 가능하다. 《해리포터》나 《반지의 제왕》 같은 책을 시작했다면 아마 꼼짝 없이 몇 개월은 잡혀서 읽어줘야 할 것이다. 그래도 기분좋게 읽어주자. 어릴 때는 나도 좀 읽어줬지만, 아내가 특히 자기 전에 책을 많이 읽어줬다. 너무 재미있어 해서 재우기가 힘들 때도 많았다. 똑같은 책을 계속 읽어달라고 해도 다 들어주자. 하나의 책을 계속 소화 중인 것이다. 우리가 읽어주는 동안 아이의 생각이 얼마나 자랄까 생각해보라. 생각의 크기 면에서, 이미 그 무한한 상상 중 하나로 실현되어 눈앞에 툭 던져지는 유튜브나 TV 프로가 감히 책 읽은 것에 비할 수 있을까?

초등학교 5학년쯤 되었을 때, 《정의란 무엇인가》의 처음 몇 장을 읽어줘 봤다. 어려운 인문학 책이긴 하지만, 이 책 초반부가 특히 흥미진진한 면이 있어서 아들은 물론이고 아내도 빠져들었다. (고장 난 선로와 기차 딜레마부터 시작해서 사람을 가지고 노는...) 다음 날도 좀 읽고, 그다음 날도 좀 읽고 하다가 아예 정례화했다.

집에서 저녁에 "독서파티"라는 이름으로 일주일에 서너 번 모임을 했다. 저녁 10시쯤 맛있는 야식을 먹으며 돌아가면서 10페이지 정도 고전을 읽었다. 모임 자체를 즐겁게 하기 위해 감자튀김이나 과자를 수시로 공급했다. (덕분에 온 가족이 토실토실해졌다.) 책 자체는 상당히 수준 높은 책으로 구성했다. 《정의란 무엇인가》, 《총균쇠》, 《이기적 유전자》, 《경제고전》 등 분야도 다양하게 가져갔다. 당연히 한 단락을 읽는 데도 단어나 문맥이 어려워 시간이 걸렸다. 아는 것은 설명을 해주고, 나도 모르는 단어나 인물들은 같이 찾아가면서 꾸역꾸역 읽었다. 내가 바쁠 때는 아내가 역사책을 가지고 같이 했다.

이 정도 읽고 나서는 스케줄이 바빠지고 머리도 굵어져서 더 진행하기는 힘들었는데, 그래도 2~3년은 꾸준히 했던 것 같다. 나는 이 모임이 확실히 수확이 있었다고 생각한다. 《사피엔스》나 《코스모스》, 《퀀텀스토리》 정도의 책을 초6~중1 나이에 무리 없이 혼자 읽을 수 있게 되었다.

지금도 내가 책을 읽다가 재미있거나 인사이트를 얻었다고 생각하는 부분이 있으면 옆에 앉혀놓고 몇 페이지 읽어주기도 한다.

아쉬웠던 점이라면 문학, 특히 한국 고전은 영 손을 대지 못했다. 나 스스로가 별로 즐기지 않는 장르라 아이에게까지 편식을 시키게 된 것 같다. 최근에 내가 개인적으로 《데미안》, 《이방인》 등 고전문학을 읽기 시작했는데, 비문학에서 챙겨줄 수 없는 다양한 인간관계나 감정을 배우는 것 같다. 이것도 했더라면 하는 생각이 들지만, 이미 틈도 없이 열심히 보냈던 시간이라 후회는 없다.

어려운 책을 권하자

위에서도 드러냈지만, 어려운 책을 권하자. 마치 헬스클럽에서 너무 쉬운 무게는 별로 운동이 안되는 것과 같은 원리다. 만화책은 다채로운 형용사나 부사를 그림으로 퉁쳐버리는 경향이 있으니, 삽화가 좀 있더라도 줄글로 된 책을 권한다. 문학도 너무 쉬운 트렌디한 소설보다는 오랜 시간 검증된 고전을 보도록 하자.

기초 공부 체력이 좀 있다는 가정하에, 초등 저학년이라면 고학년 책을, 고학년이라면 중학생 책 정도를 추천한다. 같이 읽을 생각이라면 "청소년"이란 용어가 붙은 책은 스킵하고, 바로 성인 책을 봐도 무방하다. 다만 내용을 충분히 음미하는지도 체크해 주자. 부모가 같이 읽은 다음 생각할 만한 주제를 던져주면 된다. 가령 《이방인》에서 주인공이 평범하지 않아 보이는 부분은 어떤 부분이 있었어?" 하는 식이다.

모범을 보이자

우리 집은 TV가 거의 장식품이고, 쉬는 시간에 나도 TV를 보지는 않는다. 그래도 지내다 보면 달이나 계절 단위로 어떤 때는 책을 읽기도 하고, 또 좀 풀어진 때는 폰을 하기도 하는데, 신기하게 이것이 그 몇 주간 아이의 쉬는 시간을 보내는 방식을 결정하였던 것이다. 내가 책을 즐겨보는 때는 자기도 빈 시간이 나면 재밌어 보이는 책도 잡아 읽고, 서현역에서 외식이라도 하면 책도 좀 골라 사고 하는데, 내가 폰을 즐기는 때는 너무나 빠르게 나를 따라 폰을 즐기는 식이다.

그래서 폰을 하고 있는 아이를 보면 울화통보다도 미안함이 앞선다. 내가 요즘 저런 모습만 보였나 싶고, 나를 돌아보게 된다.

책은 기회가 되면 읽는 그런 후순위에 있지 않다. 반드시 시간을 확보해서 읽을 수 있게 해주자. 재미있는 책도 권해주고, 서점도 같이 다녀라. 어려운 책은 읽어주어라. 그리고 우리 스스로도 취미를 들여보자. 모범도 되겠지만 자신에게도 뜻깊은 시간이 될 것이다.

수학 - 좋은 풀이 배우기

이 글은 어쩌면 나의 지난 시행착오를 복기하는 글일 수도 있겠다.

오랫동안 학생들을 가르치면서 어떤 문제에 부딪혔을 때 깊이 생각하지 않고 머릿속에서 찰나에 떠오르는 대답을 입 밖으로 내버리거나, 아니면 모르겠다고 선언해 버리는 많은 친구들을 보았다. 나는 대부분 고등학생들을 가르쳤기에, 그 결과도 볼 수 있었는데, 결과는 좋지 않았다. 너무 당연한가?

그래서 나는 풀이를 보기보다는 오랜 시간 문제에 대해 고민하기를 학생에게 요구했다.

코딩공부 때 반전

초등학교 고학년 때 C++ 문법을 공부한 이후로는 쉬운 문제부터 알고리즘 공부를 시켰다. 문제를 풀면서도 참 서로 힘들었다. 지긋이 생각하라고 문제단위로 과제를 주면 고를 수 있는 제일 쉬운, 그리고 비슷비슷한 문제만 골라 후다닥 풀어버린다. 그렇다고 시간 단위로 과제를 주면 책상 앞에서 멍하니 시간을 보내기 일쑤였다. 문제를 그림으로도 그려보고 테스트케이스도 좀 따라가 보고 하면 좋겠는데, 당최 움직이질 않았다. 결국 내가 가르치는 건 손을 놓고 알고리즘 학원을 1년 정도 보내고, 이후 인강으로 전환했다.

여기서 반전이 있었다. 백준 알고리즘 강의 시리즈는 쉬운 알고리즘 코스부터 여러 단계로 나뉘어져 있었고, 각 알고리즘의 수학적인 설명과 도식도 잘 설명해 주었다. 그리고 화면으로 슥 지나가긴 하지만 구현한 소스도 제공된다. 이를 듣고 따라서 쳐보고, 안 보고 쳐보고 하면서 실력이 쑥쑥 늘었다.

수학공부에서도

수학에서도 똑같은 현상이 있었다. 나는 당시 빡빡하고 토 나올 것 같은 계산문제 학습지보다는 긴 문제를 읽고 이해하는 것이 더 중요하다고 생각했다. (지금도 그렇게 생각하지만, 비율은 좀 조정할 여지가 있다.) 그래서 초등 고학년-중학교 과정을 모두 핀란드 수학 교과서로 공부시켰다. 내가 옆에서 설명해 주기보다는 앞부분 설명을 읽고 뒷부분을 푸는 식이었다. 중학교 부분은 두 번 풀었다.

그리고 나서 A급 수학을 푸는데 알고리즘 문제를 풀 때처럼 멍하니 있거나 끄적거리는 시간이 많아졌다. 한 문제를 가지고 시간을 길게 가지라고 요구하면 밑도 없이 한도 끝도 없는 시간들이 지나갔다. 급기야 너무 압박스러운 느낌이 들었는지 답지를 슬쩍 보고 풀이를 써놓고는 안 본 척하는 일까지 벌어졌다.

어찌어찌 A급 수학을 끝내갈 때쯤, 정자동 영재학교 준비반에 들어가게 되었다. 거기서 수학을 몰입해서 1년 신나게(?) 배울 수 있었다. 잘하는 친구들과 서로 주거니 받거니 하고, 숙제가 빡빡한 것도 도움이 되었다. 그렇지만 내가 눈여겨 본 것은 좋은 풀이의 공급이었다. 선생님이 좋은 풀이를 보여주고 집에서 그런 류의 문제를 푸는 과정이 합이 잘 맞았다. A급을 푸는 동안은 난이도가 있는 문제를 처음 푸는데도 인강이나 선생님의 샘플 풀이 없이 바로 문제를 풀었었다. 머릿속에 참고할 만한 좋은 풀이가 없으니, 앉아있는 동안 얼마나 힘들었을까?

완전히 내 교수법의 패착이었던 것 같다

나는 풀이를 봐버리면 문제부터 답까지 찾아가는 뇌의 거미줄 같은 여정이 싹 없어지고 실력이 많이 안는다고 생각했다. 마치 내 비게이션만 계속 쓰다 보면 그 동네 지리가 익혀지지 않는 것처럼. 그렇지만 나의 논리대로라면 배움이란 게 필요가 없어 보인다. 유클리드 공리 5개만 배운 다음에 기하학을 집대성할 것을 요구하는 거랑 다르지 않았다. 지리지식을 쌓겠다고 코앞에 가면서 온 동네를 찾아 헤매기를 요구하는 셈이었다.

절묘한 비율이 중요

결론적으로, 절묘한 비율이 중요한 것 같다. 학원이나 인강, 문제집의 예제들을 통해 좋은 풀이를 많이 구경할 수 있도록 기회를 주자. 일부는 소화되고 일부는 어렴풋이 기억할 것이다. 그러고 나서 배운 것을 반드시 문제를 통해 확인시키자. 멀뚱멀뚱 보기만 하는 인강은 절대 금지다. 강의에서 보았던 똑같은 문제는 풀이법을 확실히 익히는 데 도움을 줄 것이다. 비슷한 문제들은 응용력을 기르며 지식에 가지를 더해준다. 더 어려운 문제는 한 단계 큰 생각을 하게 해주는 것 같다. 문제풀이법의 습득과 문제풀이가 같이 갈 때 빠르고 탄탄한 실력 향상이 일어난다.

계산 실수를 줄이는 법 – 비난을 왜 해?

우리 아이는 계산 실수가 좀 있는 편이다. 성격도 꼼꼼함과는 약간(?) 거리가 있는 편이라 더 그런 것 같다. 어릴 때부터 실수의 요소가 생기지 않게 미리미리 준비를 좀 했었지만, 그래도 부족한 면이 있었다.

초등학교, 중학교 초까지는 평가받는다고 말할만한 시험이 없어서 피부로 느껴지지 않았었는데, 1학년 여름방학 때 학원에 등록하고 문제 푸는 양이 많아지니 덩달아 실수로 틀려오는 것도 많이 보이기 시작했다. 급기야 수학 내신에서 두 문제나 실수로 틀리는 일도 생겼다. 영재고 시험이 다가올수록 챙길 거는 많아지는데, 그 와중에 실수도 잡으려니 마음이 급해졌다. 급할수록 돌아가라고, 심호흡 한 번 하고 나서 차분히 복기를 해보았다. 그리고 메워갔다.

어렸을 때부터 실수를 방지했던 방법들, 실수가 많은 면을 보완하기 위해 내가 썼던 방법들을 풀어놓겠다.

글씨 연습

초등 저학년 때는 글자를 예쁘게 쓰는 것을 많이 강조했다. 우리 아이를 포함해서 남학생들 중에 특히 악필이 많은데, 이것이 실수로 귀결되는 경우가 참 많았다. 알파벳 s와 5를 헷갈리고, 2를 흘려 쓰다가 3이랑 헷갈린다. 미지수 x를 쓰다가 사이가 떠버리면 1c가 되기도 한다. 분수 표기 뒤에 곱하기 어떤 수를 적을 때 좀 아래에 적어버리면 그냥 분모의 값이 되어버린다.

글자를 예쁘게 적지 못하면 나중에 분명히 이것 때문에 실수가 생긴다고 주지시켰다. 안타깝게도 아내와 아들 모두 잘 동의해 주지 않았고, 트러블도 좀 있었다. 고학년이 되어도 글자는 깔끔할 정도까지 올라오지는 못했고, 문제를 풀면서 결국 이런 이유로 좀 틀렸다. 이런 부분이 보일 때마다 해당 글자를 몇 번씩 연습하게 했다.(열 번 적으면 열 개의 모양이 다 달라서 난감했지만...) 지금은 많이 나아졌다.

연습장을 쓰는 방법도 많이 주지시켰다. 식을 쓰다가 점점 오른쪽 위로 가기도 하고, 새 페이지의 중간부터 전개를 시작했다가 달팽이처럼 써나가기도 한다. 긴 풀이가 될 터인데, 아래 얼마 안 남은 공간에서 새 전개를 시작하기도 한다. 결국은 몇 분 미래에 대한 예측력의 문제이다. 연습장은 줄과 글자 크기를 맞추기 위해 모눈 연습장으로 항상 준비했다. 풀이도 전개를 먼저 상상한 다음 왼쪽 위에서부터 쓰기를 권했다. 이것은 나름 성공했다.

아이들마다 소근육 발달 속도도 다르니, 언제까지 꼭 잘 적어야 한다고 말하기는 힘들겠다. 또 종이와 아이패드가 다르고, 펜과 샤프와 연필이 다르다. 깔끔하게 전개해 나갈 수 있는 본인의 환경을 찾아야 한다.

훈련을 통해 실수 줄이기

수학 편에서도 적어두었는데, 내가 수학 공부를 시키면서 아쉬웠던 점 중의 하나가 훈련을 간과한 것이었다. 초등 고학년 때 핀란드 수학 중학과정을 두 번 보고 바로 A급 수학을 보았었다. 이 과정을 좀 줄이고, 지루하지만 수학 학습지나 바빠 문제집을 통한 훈련을 했으면 어땠을까 싶다.

우리나라 이름이 배한민국이나 재한민국이라고 이야기하면 듣는 순간 어떨까? 네 글자 중에 첫 번째 글자가 틀렸네라고 자세히 뜯어보기 전에 이질적인 느낌이 들 것이다. 수학(뿐만 아니라 모든 과목)도 훈련하면 이런 느낌이 생긴다. 원둘레 문제를 푸는데

25.12(지름이 8인 원의 둘레)는 봤는데 26.12? 이건 뭐지? 하는 어색함. 7 + 8은 15가 친구 이름처럼 한 문구로 떠오를 정도의 익숙함이 필요하다.

사실 내가 수학 공부를 이렇게 했었다. 워낙 우악스럽게 많이 풀면, 맨날 보던 숫자만 보인다. 그래서 실수를 해서 나온 답은 이질감이 팍 느껴진다. 7 + 8 = 13이라고 들었을 때처럼. 이 생각을 왜 못하고 아이의 초등학교 시절을 문장형 문제에만 치중했는지, 지금 생각하면 좀 미안한 마음이 든다.

실제로 아이가 중학교 내신 준비 중 실수가 많이 보여서 내가 했던 방법은 초등학교 문제집 풀기였다. 특히 분수에서 실수가 많아 분수 단원 책을 따로 구해 연습했었다. (참고로 이 방법은 내가 과외할 때는 못 했었다. 학생도, 학부모도 초등 과정 연습을 한다는 것을 받아들이기 힘들어했고, 실수는 정신을 바짝 차리는 것으로 해결할 수 있다고 생각했었다.)

실수로 틀린 문제 부검하기 with 실수 노트

정말 중요하다. 자신의 약점을 우선 인식하는 것이 개선의 첫 단추이다. 문제를 풀다 보면 신이 아닌 이상 실수할 수 있다. 이때 "에이, 실수했네." 하고 가볍게 넘기면 절대 안 된다. 실수하고 싶어서 실수한 게 아니었듯, 다음에 잘해야지 한다고 잘되지 않는다. 항상 일정한 비율만큼 실수가 나올 것이다.

실수를 잘 뜯어보면 여러 가지 이유가 있다. 숫자를 흘려 써서 다른 숫자로 보았든지, 이항하다 부호를 안 바꿨든지 할 수 있다. 통분이나 전개를 하다가 항상 동일한 패턴으로 틀릴 수도 있다. 이 문제와 구체적으로 실수한 이유를 모아 실수 노트를 만들었다. 문제를 적고 실수한 이유를 최대한 자세히 적는다. 그리고 답지 없이 올바른 계산을 아래에 한다. 이 실수 노트가 나의 약점의 총집합이다.

비난하지는 않지만 중요하게

지금까지 실수를 줄이기 위한 방법들에 대해 내가 써왔던 방법과 노하우를 좀 풀어보았다. 이미 상당량의 실수를 줄이고, 결과도 좋았던 방법들이다. 중요한 것은 아이의 마음이다. 실수하고 싶어서 실수하는 아이는 없다. 부모는 실수 자체를 비난하지 말되, 아이가 너무 쉽게 생각하지 않도록 무게감을 가지고 이야기를 나눠보자. 실수를 부검하고 다음에 실수를 줄이기 위해 뭘 해야 할지 좋은 방향으로 이야기를 나누자. 다 잡지는 못하더라도, 한결 나아진 결과를 받을 수 있을 것이다.

KMO, 영재고 입시를 위해 꼭 해야 하나?

"올림피아드 메달 없으면 불합격!"이라는 얘기는 학원가에서 여전히 매력적인 미끼다. 그러나 2025학년도 현재, 전국 영재학교·과학고 입시 요강 어디에도 KMO(한국수학올림피아드) 수상 실적은 필수 항목이 아니다. 2015년 이후 가산점이 폐지되면서 '금·은·동이 없으면 서류 컷'이라는 공식은 사실상 사라졌다. 그럼에도 해마다 영과고를 꿈꾸는 많은 학생들이 KMO에 도전한다. KMO, 꼭 해야 하는 것일까?

꼭 할 필요는 없다

지금 시대에 영과고 입시를 위해서 KMO를 꼭 할 필요는 없다. 우선 문제 스타일이 많이 다르다. KMO 문제는 OMR 용지에 표기할 수 있는 단답형이어서 탄탄한 전개를 하지 않고 끄적거리는 방식으로 풀어도 점수와는 상관이 없다. 영재고 서술형에서 요구하는 논증 맛보기를 일정 비율 섞지 않으면 "답은 맞는데 과정이 허술"한 습관이 굳는다.

요구하는 영역도 약간 다르다. KMO에서는 극강의 계산력을 요구한다. 발상은 비교적 쉬워도 계산이 지옥이라는 이야기다. 반면 영재고 문제들은 발상이 중요하다. 학교 교과 전 범위를 얇게 엮어 '융합 상황'을 제시한다. 한 문제 안에 여러 정답·모형을 허용하는 열린 문항 비율도 계속 상승하고 있다.

이처럼 문제 스타일이나 요구하는 영역도 차이가 있으니, KMO를 잘한다고 꼭 합격하는 것도 아니고, 꼭 의무적으로 준비할 필요는 없다.

은근 도움되는 KMO

그럼에도 불구하고 실제로 하는 것은 상당히 도움이 된다.

첫째, 계산 근지구력 때문이다. 영재고 2단계 서술형은 발상만 떠올리면 계산은 의외로 짧게 끝나지만, 거기까지 가는 과정에서 무수한 부분식을 손으로 확정해야 한다. KMO 1차식 훈련을 꾸준히 밟은 학생이 시험장에서 연필을 꺾는 일은 거의 없다. "발상이 떠오른 뒤 손이 버벅거려서 시간 초과"라는 허무한 패배를 피하게 해주는 보험인 셈이다.

둘째, 정수·조합·대수·기하 네 축을 골고루 다루는 입체적 기초를 확보할 수 있다. 영재고 기출은 표면적으로 실생활 모델링 문제처럼 보여도 결국 네 갈래 심화를 얕고 넓게, 때론 엇갈려 묻는다. KMO 대비 과정에서 매주 네 파트를 순환하면, 특정 단원을 '숨은 구석 기둥'으로 출제하는 함정을 상당 부분 면역한다.

셋째, 실패비용이 예상보다 작다. 1차 탈락이더라도 풀고 해설을 쓰는 루틴 자체가 내신 최상위권 유지와 과학고·자사고 서류 작성에 직결된다. 반대로 아예 도전하지 않았다가 중3 여름 "계산력이 부족한 것 같다."며 급하게 페이퍼 훈련을 붙이면 정신력만 더 소모된다.

그렇다면 실전 로드맵은?

그래서 추천 로드맵은 이렇다. 초등~중학교 2학년 여름 정도까지는 필요에 의해 혹은 중간 목표로서 KMO에 관심을 가지자. 일정에 맞춰 공부를 하면서 계산력도 쌓고 다양한 영역에 기초지식도 쌓는다. 다만 입상을 위해 다른 모든 과목 공부를 제쳐두고 올인하는 것은 위험해 보인다. 문제풀이 과정도 정성을 들여서 연습하자.

2학년 여름이면 많은 학원들에서 영재고 입시반이 시작된다. 이때부터는 KMO 스타일의 문제는 이제 좀 접어두고 영재고 입시 기출, 예상 문제들로 분위기를 전환하자.

정리하면 "KMO는 영재고 티켓이 아니라 연습장"이다. 올림피아드 메달이 합격증을 보장해 주지는 않는다. 하지만 20문제를 3시간 안에 끝까지 붙드는 끈기, 온갖 계산을 견디는 집중력과 지구력, 네 영역을 수평적으로 넘나드는 두꺼운 기본기는 여전히 KMO 훈련이 가장 빠르고 저렴하게 준다. 부담 없이 체험해 보고, 얻을 것만 뽑아 쓴 뒤 영재고 맞춤 서술형으로 베이스를 옮기는 것. 그것이 현재 'KMO 활용법'의 정석이다.

특목고를 위한 초·중등 코딩 공부는 어떻게 하면 좋을까?

코딩, 프로그래밍, 정보과학 등 이 영역을 부르는 이름도 여러 가지이고, 나는 프로그래밍이라는 단어에 더 익숙했었는데, 최근에는 코딩으로 간단히 이야기되는 분위기다. 그래서 이 글에서는 주로 코딩이라는 용어를 사용하겠다.

너무 늦지 않았다면 코딩을 꼭 한번 해보길 권한다. 코딩을 배우면서 자연스럽게 접하게 되는 문제를 정의하고 절차적으로 해결하는 시각이 수학과 과학에도 도움이 많이 되었다. 또 반대로 수학을 어느 수준 이상으로 하면 안 풀리던 코딩의 벽 하나가 허물어지기도 하고. 나도 아들도 어렸을 때부터 코딩을 시작했고, 재미있는 프로젝트도 많이 했다.

이 글에서는 어떤 순서로 코딩에 접근하면 좋은지, 피해야 하는 것이 있다면 무엇일지 정리해 본다. 또한 유명한 몇몇 언어들도 소개한다.

코딩의 영역

초-중등 수준에서 코딩은 크게 다음 3가지로 나누어 볼 수 있다.
- 하드웨어와 결합된 간단한 작품 만들기 (아두이노 등)
- 수학적 접근을 요하는 알고리즘 문제풀이
- 결과물 만들기 - 하드웨어와 결합 혹은 순수 컴퓨터 환경에서

AI 모델을 사용하는 것은 위의 마지막 예에 속하고, AI 모델을 만드는 것은 미적분과 확률에 관한 지식을 대학 새내기 수준까지는 쌓아야 하므로 혼자서 주도하기는 사실상 힘들다.

하드웨어와 결합된 간단한 작품

초등학교 3~4학년이라면, 혹은 코딩을 시작하는 1~2개월 정도라면 가볍게 해보라고 권하고 싶다. 눈앞에서 결과물이 보이고, 나의 코드와 결과물의 움직임이 대응되는 것도 인식된다. 언어도 조금만 배우면 되고 재미도 있다.

그러나 딱 흥미 유발까지만 했으면 좋겠다. 보통의 이런 결과물들의 코드를 열어보면 100줄도 안 되는 코드에, 요하는 논리적 수준도 별로 높지 않다. 뭔가 움직이는 화려한 결과물을 가지고 집에 돌아오면 부모들은 나이에 맞지 않게 대단한 것을 해온 것 같은 착각에 빠진다. 부모와 아이 모두 뭔가 고양감에 빠질 수도 있다. 일부 학원에서는 이를 심지어 이용하기도 한다.

이 단계에서 적성을 논하는 것은 뭔가 문제가 있다. 이런 작품을 교사의 가이드에 충실히(?) 따르면서 만들고 즐긴다고 적성이 있다고까지 말할 수는 없다. 마치 게임, 웹 소설, SNS에 몇 시간 빠져있다고 해서 집중력이 있다고 판단하면 안 되는 것처럼.

이 과정이 주는 혜택을 정확히 대체할 수 있는 코스로, Mac이나 iPad에서 할 수 있는 Swift Playground를 권한다. 내 아들

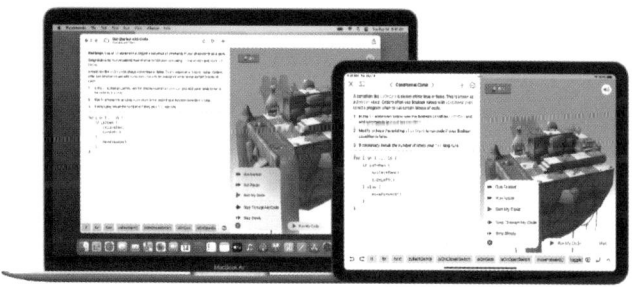

도 이걸로 시작하게 했다. 실물은 없지만 그래픽이 화려하고 엄청 귀여워서 즐겁게 할 수 있다. 코스도 초보자부터 입문을 넘어설 때까지 탄탄히 잘 준비되어 있다.

수학적 접근을 요하는 알고리즘 문제풀이

코딩에 적성이 있는지는 이 단계를 지나면서 드러난다. 이 단계는 지루하고 지난하다. 진득하게 앉아서 생각해야 한다. 문제를 토씨 하나까지 정확하게 읽고, 절차적인 사고 아래 방법을 고안해 보아야 한다.(가설 설정) 방법이 떠오르면 이 방법대로 작동하는 유사 코드나 코드를 작성한다.(실험 설계) 그리고 내가 구상한 것이 맞는지, 문제에서 주는 테스트케이스를 가지고 손으로도 따라가 보고, 작성된 코드에도 넣어본다.(검증) 완전히 과학적 문제해결 방법 그 자체를 따르는 것이다.

기초 체력도 많이 필요하다. 위에서 말한 간단한 작품을 만들 때보다 언어에 대해 문법적으로, 기능적으로 훨씬 더 많이 알아야 한다. 그리고 오래전부터 선배 개발자들이 정형화해 놓은 수십 가지 풀이법도 배워야 한다.

이 알고리즘 문제풀이 공부는 학원 혹은 인강으로 배울 수 있다. 각 지역마다 앞에서 말한 작품 위주가 아니라, 올림피아드 출전에 비중을 두는 학원 두세 곳을 찾을 수 있다. 혹은 백준이 운영하는 자료구조와 알고리즘 강의를 처음부터 듣는 것도 추천한다. 실력이 좀 쌓이면 KOI에 출전해서 자신의 위치를 파악해 보자.

다시 말하지만, 이 과정은 수학 올림피아드 준비와 별반 다를 것이 없다. 화려하지도 않다. 오랜 시간을 투자해서 묵묵하고 끈기 있게 많은 문제를 풀다 보면, 수학 문제처럼 풀리는 것 자체가 나에게 희열로 다가오는 순간이 온다. 그 쾌감이 작지 않으니, 기회가 된다면 꼭 한번 해보길 권한다.

결과물 만들기

약간의 언어 공부 후, 세상의 어떤 문제를 해결해 보는 프로그램을 만들어 볼 수 있다. 좀 실력이 쌓이면 교내 탐구대회나 한국 코드 페어 출품부 등에 출전할 수도 있다. 또 여러 특목고를 지원하는 데 의미 있는 포트폴리오로 사용할 수도 있다.

코딩으로 결과물 만들기는 꼭 코딩 대회에서만 써먹는 것은 아니다. 실제로 우리 아이의 경우, 수학 탐구대회나 과학 탐구대회에서도 그 영역의 어떤 문제를 프로그램을 통해 해결해 출전하기도 했다.

이 영역에서 요구되는 것은 깊은 수준의 수학적 지식보다는 세상의 문제를 코드 내에서 어떻게 풀지 문제를 정의하는 능력,

개발 환경을 세팅하고 실무적으로 여러 파일로 나누어진 코드를 구현하는 스킬, 남이 잘 만들어 놓은 것을 가져다 활용하는 능력이 필요하다. 이 과정에서 끊임없이 다양한 장벽이 나타나는데, 개발자 커뮤니티에서 끈기 있게 답을 찾아내는 진득함도 꼭 필요하다.

결과물 만들기는 처음에는 좀 큰 구조를 잡아주기 위해 주변의 도움이 필요할 수 있으나, 몇 번 하다 보면 이런 도움 없이도 혼자 할 수 있는 영역이 점점 늘어난다. 초기에 부모가 지식이 없다면 학원의 도움을 받거나 자연대생, 공대생(전산과가 아니면 오히려 더 풍부할 수 있음)에게 과외를 잠시 받는 것도 방법이겠다. 이때 단순히 보여주기식보다는 어떤 수학적이거나 과학적인 의미가 있는 문제를 해결하는 것이 공부에도 더 도움이 되고, 나중에 포트폴리오로 사용할 때 서사도 더 풍부하다고 생각한다.

언어?

사람들도 한국어, 영어 등 여러 언어를 사용하듯, 컴퓨터의 세계에도 여러 가지 프로그래밍 언어가 있다. 요즘 학생들은 스크래치 같은 블록형 프로그래밍 언어로 잠시 코딩의 개념을 배운 다음 보통 파이썬을 배운다. 다음은 유용한 몇 가지 프로그래밍 언어와 코딩 공부 입장에서의 장점이다.

Python [파이썬]

직관적이고 쉬운 문법, 다양한 라이브러리(미리 만들어둔 기능)를 바탕으로 프로그래밍 교육, 인공지능, 웹서버 등에 사용된다. 알고리즘 문제풀이도 어느 정도 할 수 있고, 중학 수준 탐구 정도는 충분히 소화할 수 있는 그래픽 구현도 가능하다.

JavaScript [자바스크립트]

파이썬만큼 쉽고, 우리가 흔히 보는 브라우저에서 실행시킬 수 있다. 그래서 뭔가 비주얼한 결과물을 표현하기에 적합하다. 웹의 어딘가에 올려놓고 실제로 서비스도 할 수 있다.

C++ [씨플러스플러스, 씨쁠쁠]

소개되는 다른 두 언어보다 실행 속도가 빠르고 문법이 깐깐해(?) 알고리즘 문제풀이에 주로 사용된다. 현업에서는 게임 등 빠른 속도를 요하는 영역에서 활용된다.

로드맵 - 초등학생이라면

흥미를 붙일 수 있는 코스(실물 혹은 Swift Playground)를 맛본 후, 파이썬을 선택해 기본적인 문법을 제대로 배우자.

이후 백준 사이트에서 브론즈나 실버 정도의 문제는 풀 수 있을 정도로 알고리즘 문제풀이를 좀 배운다. 포트폴리오를 하기 전에도 권하는 이유는 이 정도 체계적인 생각은 가능해야 어떤 문제를 코드로 옮길 수 있는 역량이 생기기 때문이다.

여기부터는 선택인 것 같다. 우리 집이야 코딩을 워낙 즐겼고 나도 백그라운드가 있으니 이것저것 했지만, 다른 친구라면 알고리즘 문제풀이를 좀 더 깊게 한다든지, 포트폴리오를 챙긴다든지, 두 분야 중 하나를 우선 진행해 보자.

포트폴리오 주제를 선정하는 방법은 다른 글에서 자세히 다루겠다.

로드맵 - 중학생이라면

뒤늦게 다른 친구들이 하는 것을 보고 부러워서 모든 것을 같은 수준으로 따라 하려고 하면 체한다. 과감하게 포기하고, 스크래치 수준에서 논리적인 흐름만 익히자. 가끔 영재고 입시 문제에서 코딩이 나오기도 하는데, 이런 흐름만 잘 따라가서 결괏값을 예측할 수 있는 정도면 충분했다.

포트폴리오는 코딩의 영역이 아니라, 수학이나 과학의 특정 영역에서 전통적인 가설 설정-설계-수행-자료해석-결론의 방식으로 연구를 하는 것이 더 낫다. 프로그래밍 언어와 개발적 사고를 하는 데 많은 시간이 들기 때문이다. 차라리 이 시간을 아껴 과목

본연의 지식을 좀 더 파고드는 것이 더 깊이 있는 결과가 나올 것이다.

지금까지 코딩 교육의 다양한 단계와 접근 방법을 알아보았다. 처음에는 간단하고 직관적인 프로젝트로 흥미를 유발하고, 이어서 알고리즘 문제풀이를 통해 논리적이고 체계적인 사고를 발달시키며, 마지막으로 실제 문제를 해결하는 프로젝트 개발을 통해 의미 있는 포트폴리오를 남기는 과정을 살펴보았다.

학생의 상황(바쁨의 정도)이나 수학적인 속도, 과학의 여러 주제에 관한 호기심을 잘 살펴보고 여기에 코딩을 접목한다면, 알고리즘 공부나 탐구 자체를 즐길 수 있고, 훨씬 풍부한 결과를 얻을 수 있을 것이다.

영재고 대비 탐구 준비

영재고, 과학고, 자사고 등 입학원서를 몇 페이지 적어야 하는 학교를 생각한다면 반드시 탐구 준비를 미리 하도록 하자.

기능적으로는 자기소개서나 수과학 역량을 자랑하는 글밥이 되기 때문이기도 하다. 그렇지만 본질적으로 책과 문제집으로만 배우는 수학, 과학 지식을 넘어 능동적이고 깊은 공부를 해볼 수 있는 기회이기도 하다.

언제 탐구를 할까?

초등학교 5~6학년이면 이미 충분히 탐구할 수 있는 역량이 있다고 생각한다. 중학 수준의 공부도 조금 해봤을 것이고, 워드를 포함해 컴퓨터도 조금 다룰 줄 알 것이다. 그거면 충분하다. 나머지는 호기심과 엉덩이로 채우면 된다.

중학생이 되면 조금 바쁘기는 하지만, 그만큼 지식도 쌓였다. 초등학생 때는 부모님이나 학원 선생님이 이끌어주거나 도와주었다면, 중학생이 되면 조금 더 능동적인 연구가 가능하다.

어떤 탐구 기회가 있을까?

아이가 다녔던 양영중학교에서는 수학 탐구대회, 과학 탐구대회가 가을에 열렸다. 여름방학 때는 자유 탐구대회도 열어주었다. 주제도 거의 제한이 없었고, 대회마다 몇십 명 수준의 친구들이 참가했다. 실제로 탐구를 수행할 때는 며칠 짬을 내어 끙끙대며 해내는 것이 기특하기도 하고, 책에서 벗어나 능동적으로 찾아보고 연구하는 모습이 보기에도 좋았다.

나중에 안 사실인데, 이렇게 수학, 과학 탐구대회를 따로따로 열어주기는커녕 탐구대회가 아예 없는 학교도 있다고 한다. 자연스럽게 교내 수상 경력자도 줄어들게 되고, 학생들의 자소서도 빈약해진다. 고등학교 입결에도 안 좋은 것 같다. 학교 학사일정을 미리 알아보고 의견을 낼 수 있는 위치라면 학교에 꼭 건의하도록 하자.

외부에도 대회가 많다. 중학교에 처음 입학하니 경기도 융합

과학교육원에서 주최하는 온라인 자유 과학 탐구대회가 있었다. 연도에 따라 실험 탐구대회가 되기도 하고, 약간의 변형은 있다. 1학년 때 여기서 선정이 되니, 방학 때 융과원에서 온라인으로 특별히 탐구수업을 받을 수 있었다. 자신의 탐구를 발표하고, 다른 친구나 2학년 선배들이 한 탐구를 구경할 수도 있었다.

과기정통부에서 주최하는 한국코드페어는 과거 정보올림피아드 출품부에 해당하는 대회이다. 소프트웨어 결과물로 온라인 예선, 본선이 있었고, 킨텍스에서 결선도 있었다. 본선에 가면 부모들은 세팅만 해주고 퇴장하는데, 하루 동안 자기 작품 pt를 여섯 번이나 하고, 친구들끼리도 그새 친해져서 연락처를 주고받기도 했다.

꼭 누가 열어주어야만 탐구할 수 있다는 생각에서 벗어나자. 아이의 자소서에는 직간접적으로 6개 정도의 탐구가 소개되었는데, 그중 2개 정도는 아이가 궁금해하던 것을 내가 일을 키워서 탐구시킨 경우였다.

탐구 주제 = 아이가 궁금해하는 모든 것

첫 탐구가 뭐였을까 하고 기억을 더듬어보니, 바이올린 소리 크기 탐구가 생각났다. 4학년밖에 안 되었던 때였다. 집에서 일반 바이올린으로 연습하기가 민망해서 앰프가 없으면 소리가 거의 나지 않는 일렉 바이올린을 알리에서 한 대 구입했다. 얼마나 조용한지 검색을 해서 알아보려고 했는데 마땅한 정보가 없어 그냥 구입했었다. 그래서 구입하고 나서는 간단히 핸드폰에 소리 측정기를 켜고 데시벨을 비교해서 유튜브에 올렸는데 그게 대박이 났었다. 아이의 궁금증에서 시작했는데, 반응도 좋아서 더 뿌듯해했던 것 같다.

적분을 처음 접해 구분구적법(넓이를 잘게 잘라 직사각형으로 근사하는 방법)을 배우던 중이었다. 그래프를 왼쪽으로 근사하거나 오른쪽으로 근사할 수도 있는데, 어느 것이 더 오차가 작으냐고 물어왔다. 바로 다음 주 수학 탐구대회 주제가 되어버렸다.

이기적 유전자 책을 읽던 중에 시간이 지나면 유전자 풀이 변해 진화가 일어난다는 대목이 나왔다. 아무도 지켜본 사람이 없는데 우기는 것 아니냐. 정말 사실일까 하고 의문이 생겼다. 이는 그해 과학 탐구대회에서 유전자풀 시뮬레이터로 발전되었다.

탐구 주제 선정이 어렵다는 것을 인정한다

인정한다. 나는 코딩에도 익숙하고 고등학교 과학도 오래 가르쳤다. 그렇다고 내가 탐구 주제를 주지는 않았다. 내가 다른 가정에 비해 추가로 할 수 있었던 것은 이런 것이었다.

- 아이가 궁금해하는 순간, 그 궁금증이 휘발되기 전에 티키타카로 좀 받아주는 것.
- 너~무 어려워 보이는 주제로 대회나 듀 데이트까지 결과가 나오기 힘들 것 같은 주제를 다음으로 미루는 것.
- 탐구 주제 선정 시 실패하지 않으려고 너무 쉬운 주제를 잡아오는 것을 돌려보내는 것, 또는 기존 탐구를 재탕하려는 것을 차단하는 것.

결국 아이의 능력을 과대 혹은 과소평가하지 않고 어느 정도 가늠이 되면 좋다는 이야기다. 하지만 어쩌면 내가 오래 걸리지만 깊은 연구를 할 뻔한 아이를 지레 차단한 것인지도 모르겠다.

고등학교 2~3학년 과정의 탐구를 추천

그렇다면 보통의 부모 - 평균적으로 두 명 중 한 명 정도 이과 계열 대학을 나왔지만, 기억은 가물가물하거나 본업과 관련된 지식만 유지되는 경우 - 는 어떻게 하면 좋을까?

먼저 일상 속 이과적 지식을 주고받는 것을 이상하게 여기지 말자. 그리고 부모라도 모르면 깔끔하게 모른다고 하고, 그 자리에서 같이 찾아보고 꼭 알고 넘어가는 문화를 정착시키자.

구체적으로 중학생이라면 "고등학교 2~3학년 과정"의 탐구를

추천한다. 이유라면,
- 찾아볼 수 있는 자료가 많다.
- 중학 수준에서 스스로 찾아서 공부하다 보면 탐구도 되지만 선행 공부도 되고 학교 공부와 멀어지지 않는다.
- 막혀서 도저히 진도가 안 나갈 때 교내 과학선생님이나 주변의 형, 누나가 좀 도와줄 수 있다.
- 현재 시점과 2~4년 차이가 나므로 상당히 도전적이다.

내 아이의 경우 유전자풀 탐구 전에 생1, 생2의 유전을 선행으로 공부할 수밖에 없었고, 웹에서 3D로 간단히 보여주는 것을 하려다 행렬 공부를 하게 되었다. 하고 싶은 게 있으니, 저항이랄 것도 없이 먼저 나서서 찾아보았다.

궁금함이 존중받는 집안 분위기가 중요

궁금해하는 것, 질문하는 것이 집안에서 씹히거나 비난받지 않고 존중받는 점이 가장 중요하다. 바쁘다, 모르겠다, 혼자 찾아봐라 하면서 계속 아이의 궁금증을 누르기만 하다 보면 어느새 세상을 그런가 보다 하면서 받아들이는 아이가 될 것이다.

여러분의 자녀들도 재미있는 탐구를 하면서 즐기길.

영재고 탐구 준비 - 탐구 체력 향상 가이드

이전 글에서 탐구의 한 방법으로 일상 속에서 탐구의 주제를 찾아라, 고등과정 선행 중 탐구의 주제를 찾아보자, 궁금해하고 질문하는 것을 존중하자 등의 방법을 제시했다. 그런 것들의 바탕이 되는 탐구 체력 향상 가이드를 제시한다.

탐구심 심어주기

우리 집 가까이에는 탄천의 지류인 분당천이 흐르고 있다. 저녁 식사를 하고 나면 온 가족이 이 길을 따라 산책을 했는데, 우리는 이 길을 "탐구의 길"이라고 불렀다. 그냥 걷기만 하면 재미없으니까, 사시사철 변하는 자연 풍경을 보며 왜 이럴까 하고 질문을 던져보기도 했고, 다가올 탐구대회 주제를 서로 이것저것 내보기도 했다. 아이디어를 내다보면, 처음에는 보잘것없는 아이디어여도 주고받다 보면 어느새 꽤나 의미 있는 주제가 되어 있기도 한다.

예를 들면, 이런 식이다. 유튜브를 보다가 구글에서 웹캠으로 사람의 포즈를 따주는 게 있다는 걸 서로 알고 있었다. 한국 코드페어 출품부 주제 선정을 고민하고 있었는데, 나는 머리가 굳었는지 사람 포즈라고 하니까 스쿼드 카운터나 윗몸일으키기 카운터 같은 것 정도만 얘기했다. 그런데 듣고 있던 아이가 아이언맨의 자비스처럼 손가락 모양을 인식해 명령을 내려보면 어떠냐고 했다. 이렇게 하나의 주제가 결정되었다.

여기서 어디까지 수준을 올려도 되는가가 참 어려운 부분인데, 이때는 결과까지를 여러 스텝으로 나누고, 스텝별로 완성을 확인하고 넘어가는 것으로 조절이 가능하다. 이 프로젝트 같은 경우에는 손가락 인식하기 - 명령 5개 중 어떤 것인지 분류하기 - 수행하기로 나누어서 했다.

이렇게 그동안 본 것들, 배운 것들을 상기만 시켜줘도 은근히 탐구 거리로 써먹을 게 많다. 우선은 많은 대화를 나눠보자.

과학박물관도 많이 데리고 다녔던 것 같다. 영재고를 준비할 정도면 물리1 정도는 초등학교 때 슬쩍 본 친구들도 많을 테고, 'Why? 시리즈'로 접한 친구들도 있을 것이다. 그래도 아는 것과 실제로 보는 것은 또 다르다. 과천이든 대전이든 데려가자. 실물 크기 나로호도 보고 오고, 세금을 듬뿍 들여 설치해 둔 장치들도 하나하나 다 만져보게 하자. (어른이 해도 재밌게 잘 되어 있다.) 달콤한 아이스크림으로 마무리 지으면 기억에 남을만한 즐거운 하루가 되지 않을까?

배경지식 쌓아주기

다른 글에서도 많이 강조했지만, 독서가 진짜 중요하다. 재료가 있어야 무엇이든 만들지 않겠는가? SF 소설이나 교양 수준의 과학 입문서들은 과학에 흥미를 가지게 도와주기도 하고, 다양한 배경지식도 넣어준다. 쉽고 재밌는 책들은 그냥 읽으라고 하고, 좀 무게감이 있거나 어려운 책들은 같이 읽어주자. 모르는 게 나오면 유튜브도 같이 찾아서 보자.

아예 과학 유튜버 채널을 몇 개 구독시켜 주면 좋다. 영어 공부도 되고 스케일도 차원이 다른 경우가 많다. 쿠르츠게작트, 베리타시움 같은 채널은 드라마나 쇼츠 뺨칠 정도로 재밌다.

중고등 선행은 영재고 대비를 위해서이기도 하지만 그 자체가 탐구의 배경지식이 된다. 아예 모르면 탐구도 안 된다. 다만 기계적인 문제 풀이보다는 내용을 완전히 내 것으로 만드는 것이 중요하다. 단원 앞뒤로 있는 생활 속 과학이나 읽을거리도 꼭 챙기자.

탐구 내공 쌓기

많이 해보는 것이 최고이다. 우리 아이도 처음에는 비누 만들기부터 했다. 그래도 주석 표시 포함해서 한두 페이지짜리 보고서도 썼고, 유튜버처럼 비디오도 한 번 찍었다. 이렇게 한 사이클을 돌리면 아이도 엄청 뿌듯해하고 과학자라도 된 것처럼 의기양양했다. (가운이라도 기념으로 사주면 자존감 대폭발)

코딩 프로젝트도 본격적인 것들을 하기에 앞서 코딩 강의를 보면서 따라 쳐보는 것도 많이 했고, 아주 쉬운 수준의 게임도 만들어보곤 했다. 이렇게 여러 간단한 탐구들을 하다 보면 어느새 가설설정-탐구설계-수행-분석의 핵심 플로우가 몸에 익는다. 좀 더 가면 아예 보고서 초입에 뭐라고 적을지를 생각하면서 탐구를 구상한다. 자신이 어느 정도까지 할 수 있는지 메타인지도 생기고. 나는 이것이 점점 과학자가 되어가는 모습이라고 보았다.

조금이라도 어릴 때, 공부에 너무 부담이 없는 4~5학년 때부터 작은 거라도 시켜보자. 소스가 되는 경험과 지식도 많이 부어주자. 어느새 또래보다는 상낭히 수준 높은 탐구를 척척 해내는 아이를 보고 스스로 놀라는 때가 올 것이다.

베일에 쌓인 교사 추천서, 어떻게 공략할까

아이의 학원 친구들을 기억해 보면, 상급반에 모의고사 성적도 탄탄하게 나오는 친구들이 1차 서류전형 관문을 넘지 못하는 경우가 종종 있었다. 내신도 나쁘지 않은 경우라면 분명 추천서가 잘못 나갔을 거라는 의견이 중론이었다.

추천서는 담임교사 혹은 수학, 과학 교사가 작성한다. 직접 작성 후 영재고 쪽으로 바로 보내기 때문에 학생 측에서 직접 확인할 수 없다. 즉, 겉으로는 "잘 적어줄게!"라고 말했지만, 대충 적거나 심지어 부정적으로 적을 수도 있는 것이다. 이는 매우 타당한 제도이다. 교사의 입장에서 인성에 문제가 있거나 영재성이 부족한 친구에 대해 가감 없이 아는 것을 전달할 수 있는 기회가 되기 때문이다.

그래서 우리는 아이가 중학교에 입학하고부터 추천 교사가 될 수 있는 교사들에게 공을 들여야 한다. 누구는 추천서를 위해 이렇게 의도적으로 신경을 쓰는 것을 경멸하거나 부적절하다고 생각하기도 하는데, 내가 생각하는 공들이기는 비밀스런 식사 대접도 아니고 선물 공세도 아니니 안심하고 읽기 바란다.

예의 바르게 행동하기

학교에서 큰 소리로 인사하고 다니자. 이건 추천서가 문제가 아니라, 인성의 문제 아닌가? 사춘기 다크포스를 팍팍 풍기며 눈을 마주쳤는데도 모른 체 하거나 고개만 까딱거리는 행동을 하지 말자. 인사는 기본 중의 기본이다. 영과고에 원서를 쓸 정도의 우등생이면 교내에서 평판도 당연히 공유된다.

해당 과목 시간에 진지하게 임하기

특히 수과학 시간이라면 공부를 좀 하는 학생들은 이미 다 알고 있는 내용일 수도 있다. 그래도 모자란 잠을 보충한다고 엎드려 자거나, 교사의 잘못을 지적하며 우월감을 즐기는 거만함은 버려야 한다.

영재고 문제는 정말 교과서를 기반으로 나온다. 어디서 이런 소재를 가져왔지 싶은 문제들도 꼭 교과서 어디 귀퉁이에 분명히 존재해서 신기할 정도였다. 그러니 복습한다고 생각하고 수업시간에 진지하게 임했으면 좋겠다.

좀 어려운 문제거나 대답하기 귀찮은 문제들은 교사가 질문하고 나서 아무리 기다려도 답변이 나오지 않는다. 교사로서는 힘이 빠지고 수업을 진행할 동력이 떨어진다. 눈치껏 힘내서 답변도 좀 하고 그러면서 수업 분위기에도 기여해 보자. 정말 교사로서는 고맙게 느껴질 것이다. 연예인에게 악플보다 싫은 건 무플이라 했던가? 교사에겐 오답보다 싫은 것이 무응답일지도.

지속적인 학술적 교류

아이의 중학교에서는 탐구대회를 1년에 3~4개는 열어주었다. 2년을 지내면 충분히 여러 친구들이 원하는 개수만큼의 우수상을 받아갈 정도였다. 탐구 주제를 정할 때도 배우고 있는 수과학 교사에게 조언을 구해보자. 아이의 관심사와 수준을 전달하는 기회도 되고, 반대로 좋은 아이디어, 한 단계 더 나아갈 수 있는 요구도 받을 수 있을 것이다.

무엇보다 이렇게 이야기를 주고받으며 생기는 라포가 중요하다. 추천서를 위해 일부러 이렇게 하라는 것이 아니라, 이렇게 교사와 적극적으로 교감하고 지식을 주고받고 지내라는 것이다. 추천서가 이상하게 적힐 리가 없지 않은가.

추천받았으면 하는 포인트 전달

영과고, 자사고에서 요구하는 서류는 자기소개서와 추천서가 있다. 이 자기소개서에 적히는 내용은 어떤 방식으로 신뢰를 얻을 수 있을까? 바로 교사 추천서의 내용을 통해서이다.

자소서에 "친구들과 배움을 나누는 걸 좋아한다."고 적었는데 추천서에 "내신 때 암기노트를 친구들과 공유함"이라고 적혀 있다면 큰 힘을 받을 수 있다. 반대로 자소서에 "다양한 과학분야에 관심을 가진다."고 적었지만, 추천서에 "OO부분에 심취하여 깊이 파고들었음"이라고 적혀 있다면 교사가 나름 생각해서 적어준 말이 오히려 힘을 분산시켜 버린 셈이 된다.

그래서 서류전형 기간에 교사에게 추천받았으면 하는 포인트를 쪽지 수준으로 정리해 부탁을 드려도 좋다. 우리의 경우는 추천을 부탁드릴 때 "자소서에 이런이런 부분을 제 장점이라고 소개했습니다."라고 하면서 조그마한 포스트잇에 써서 부탁드렸다. 2학년 담임교사에게는 전반적인 인성과 학교생활, 탐구심을, 수과학 선생님에게는 조금 더 특정한 부분에 스스로 강점이 있다고 말씀드렸다.

교사도 입시철이 되면 몇 명~몇십 명의 추천서를 적어야 하는 상황일 수 있다. 오히려 약간의 힌트를 드리는 것이 백지 위에 부탁드리는 것보다 기억해 내기도 쉽고, 고민도 조금 덜어드린다고 생각한다.

추천사를 대신 쓰는 수준으로 전달하고, 그것을 그대로 보내달라고 요구하라는 말이 절대 아니다. 그리고 평소에 못 보여드렸던 모습을 기재하기를 요청한다 해서 적어주실 리도 없다.

구체적인 날짜 부탁

2학년 때 추천을 받을 적에는 날짜를 특정해서 부탁드리지 못했었다. 처음이라 노하우도 없었거니와 부탁드리는 상황에서 날짜까지 요구한다는 것이 뭔가 무리한 요구 같아 보였다. 그런데 문제가 좀 있었다. 전형 사이트에서 서류를 제출할 때마다 하나하나 동그라미가 채워져 가는데, 자력으로 어찌할 수 없는 교사추천서 B란이 마감 임박까지 채워지지 않고 있으니, 입이 바싹바싹 말라왔다. 구구절절 미안함과 부탁을 실은 문자를 재차 보내서 겨우 하루 전 추천서를 완료할 수 있었다. 면접준비로 신경이 곤두선 상황에서 에너지 소모가 심했다.

그래서 3학년 때는 민망하지만 "선생님, 수요일까지 부탁드려도 될까요? 마감 이틀 전이긴 한데 좀 넣어주시면 제가 마음이 한결 가벼울 것 같습니다." 하고 솔직하게 말씀을 드렸다. 흔쾌히 동의해 주셨고, 실제로도 넉넉하게 일찍 넣어주셔서 차분히 입시준비에 집중할 수 있었던 것 같다.

쓰고 나니 대단한 공략법이 있었던 것도 아니란 것을 알았다. 진정성을 무기로 예의 바르게 행동하고, 좀 안다고 으스대지 않고 깊은 탐구심을 보여준다면 애제자를 위해 한 페이지의 글을 적어주는 것은 오히려 뜻깊은 응원이라고 생각해 주실 것이다.

영어공부 – 영재고 입시랑 무슨 상관?

영재고, 과학고 준비에는 사치 아닌가?

그렇게 보일 수 있다. 당장 초등 고학년만 되어도 수학 때문에 시간이 모자라게 느껴질 수도 있다. 그래도 영어를 절대 놓지 말자. 세상의 문서의 50%가 영어로 적혀 있지만, 중요한 문서의 90%가 영어로 적혀 있다고 한다. 오픈AI는 ChatGPT 학습에 기존 자료를 이용했는데, 여기서 영어가 92.6%였다. ChatGPT에게 영어로 질문 시 한국어와는 차원이 다른 대답을 얻을 수 있다.

단지 영과고를 못 갔을 때의 플랜B 느낌의 영어공부가 아니라, 초중고 학습을 하는 동안 정보의 보고를 열어주고 앞으로 세계를 무대로 일할 자녀를 위해서라고 생각해야 한다.

그렇다면 최적의 로드맵은?

이른 영어교육을 꺼려했던 내가, 영어유치원을 거쳐 중학교 내신까지 영어공부를 어떻게 시켰는지 지금부터 풀어본다.

영어유치원 고르는 팁

나는 처음에는 입학 전 영어를 배우는 것에 부정적이었다. 언론에서도 조기 영어교육의 실패사례를 제시하면서 의미가 없다는 주장을 할 때였다. 그렇지만 5세 초반 무렵 보내던 한 한국어 보육기관에서 최소한의 커리큘럼도 없이 지내온 것을 알게 되었고, 이를 계기로 영어유치원을 생각하게 되었다.

다행히 교육철학이 멋진 원을 알게 되어 2년 동안 매우 만족하며 보냈다. 첫 미팅 때 원장님이 "우리는 한 언어를 죽이려는 게 아니다. 모두 다 자연스럽게 익힐 수 있다."고 말씀하셔서 매우 안심했었다. 당시 개포동의 어떤 학원은 화장실에 가고 싶다는 아이의 한국어 요청을 무시해 자기 옷에 실례를 하게 만들었다는 무시무시한 이야기도 있던 터라, 이 말이 더욱 반가웠었다.

아이가 7세가 된 5월에 분당으로 이사를 오면서 지금은 문을 닫은 G학원을 보냈었다. 갑자기 하루에 외워야 하는 단어가 몇십 개, 채워야 하는 숙제들도 생기면서 사달이 났다. 급기야 아이의 입에서 "나 이제 영어 하기 싫어!"라는 말까지 나왔다. 불과 2개월

만에 그만두었다.

학업적으로 시키는 원들은 완전히 배제하고 캐나다 계열의 영어유치원을 찾아 보내게 되었다. 이 원도 안정적이고 괜찮아 초등 3학년 방과후 수업까지 쭉 보낼 수 있었다.

뒤돌아보면 영어공부를 시키는 곳은 보내지 말았어야 했다. 습득이 빠른 시기에 영어로 유치원 생활 그 자체를 하는 곳이면 족했던 것이다. 영어를 모국어로 하는 나라에서 유치원 수업방식을 그대로 가져와 수업하는 곳이 결과적으로 프로그램도 좋고, 무엇보다 아이도 즐거워하면서 다녔던 것 같다. 주니어 시험 평균 레벨을 자랑하거나, 리딩 퍼포먼스를 내어놓는 곳은 피하길 바란다.

일부의 시선은 언어가 한창 발달하는 시기에 모국어가 아닌 언어를 가르치는 것은 오히려 사고의 발달을 저해한다고 하는데, 학원 이외의 모든 곳에서 한국어를 접하고 있는 이상 크게 우려할 부분은 아니다. 한국어 책을 많이 읽어줌으로써 충분히 커버할 수 있다. 실보다 득이 10배는 크니, 꼭 이 시기에 챙겼으면 좋겠다.

어릴 때 꼭 관철하면 좋은 것

아이를 키우다 보면 TV나 동영상 콘텐츠를 일정수준 보여줄 수밖에 없다. 5세 때는 디즈니 동영상을 주로 봤었는데, 한국어

더빙 버전과 영어 버전 모두 제공되었다. 우리 가족은 이때부터 "영어로 된 콘텐츠만 보기" 룰을 세웠다.

아직 미취학 혹은 저학년이라면 잠시의 실랑이만 견딘다면, 혹은 약간의 혹할만한 선물로도 몇 년간의 룰을 약속받을 수 있다.

처음에는 조금 불편해하며 화면만 보는 것 같았는데, 어느 순간 알아듣고 같이 웃고 있는 걸 보고 있으니, 너무 신기하고 심지어 질투가 날 정도였다. 초등학교에 들어가면서 애니메이션 시리즈도 조금 나이대를 올려서 교체해 주었다.

이 방법을 통한 영어 학습 효과가 어쩌면 영어유치원보다도 더 컸던 것 같아 만나는 모든 사람들에게 강력히 추천하고 다닌다. 무엇보다 재미도 있고, 돈도 전혀 들지 않기 때문이다.

초등학교 영어공부

초등학교에 진학 후에도 계속 다니던 영어유치원 오후반에 주 2회 정도 보냈다. 시간과 횟수가 많이 줄어 비용면에서 부담이 많이 줄었다. 일반 유치원을 다니면서 오후에 영어를 챙기던 친구들도 이렇게 많이 왔었다. 우리는 3학년까지 보냈는데, 1학년 혹은 2학년까지만 보내고 좀 더 학문적인 학원으로 옮기는 친구들도 많았다.

고학년 때는 학원을 옮겼다. 영어로 다양한 분야의 주제에 대해 읽고 쓰고, 친구들끼리 토론도 하고 발표도 하는 수업이었다. 학군지에서 좀 큰 학원들이라면 레벨별로 반이 잘 나누어져 있을 것이다. 주 2회 수업을 하는 것이 보통이다. 숙제도 조금 나오는데, 암기식 수업이 아니라 영어로 검색하고, 초안을 잡고 하면서 숙제하는 과정 자체를 정말 즐겼던 것 같다.

이때 한국 선생님이 강의내용 이외에는 모두 한글로 말하는 학원보다는 원어민 선생님이 수업 자체를 영어로 진행하는 학원을 강력히 추천한다.

한국(?)식 문법 교육, 내신준비 - 짧은 시행착오

6학년 말이 되었을 때, 중학교 반이 없다는 이유로 많은 학생들이 빠지면서 우리도 어쩔 수 없이 옮겨야 하는 상황이 되었다. 같은 건물의 유명한 학원의 최상위반으로 들어갔는데, 모든 학생들이 가능한데도 불구하고 서로 영어를 쓰지 않았다. 내가 중학교 때 받던 딱 그 수업을 그대로 해주는 학원이었다. 문장의 구조를 열심히 나누는 것을 연습하는 학원이었다.

2개월도 채 안 돼서 학원을 옮겼다. 초등 고학년 때 보내던 곳과 매우 유사하면서도 7학년 반이 있는 학원에서 다시 1년을 즐겁게 보냈다. 2학년 이후로는 성반이 안 되어 어쩔 수 없이 영어

학원 수업은 여기까지 하게 되었다. 분당의 분위기가 중2쯤 되면 이렇게 자유롭게 수업할 만한 여유가 없나 보다.

한편, 초등학교 졸업 후 중학교에 들어가기 전에 한자어가 잔뜩 들어간 문법 용어들도 익히고, 전체 문법을 쭉 한번 정리하기 위해 인강을 알아봤다. EBS에서 로즈리의 그래머홀릭 수업을 2번 들었다. 이 수업은 오래된 수업이지만, 너무 명쾌하고 유명해서 문법의 기초를 다지려는 중학생, 고등학생, 성인들까지 꾸준히 수강하는 강의이다.

이 정도만 준비하고 들어가도 중학교 수준의 내신 영어는 아무 문제가 없었다. 내신 기간에는 해당 교과서 출판사에서 나온 문제집과 모의고사를 각각 한 권씩 풀었고, 자이스토리 같은 고등 문법 문제집에서 이번 내신 범위의 문법문제만 골라서 풀었다. 모두 충분히 원하는 결과를 얻을 수 있었다.

많은 영어학원에서 한국에서는 한국식 영어공부를 빨리 시작해야만 중고등 영어내신과 수능 영어에 대응할 수 있다고 겁을 준다. 입학설명회에는 무시무시하고 한껏 꼬아놓은 문법문제들을 보여주며 학부모들을 불안에 떨게 한다. 그렇지만 영어를 과목이 아니라, 하나의 언어로서 받아들이고, 책과 동영상을 통해 계속 습득하고, 이를 수시로 활용하면서 전 세계 사이트에서 자료를 찾아가면서 숙제를 한 친구라면 한국 시험도 충분히 잘 칠 수 있다고 말하고 싶다. 어렸을 때 귀하게 기른 자연스러운 영어능력을 일부 사람들의 말만 믿고 "과목 스킬"로 격하시키지 말자.

결론 - 가능한 한 빨리 시키자

지금 한과영에 합격한 학부모 톡방에서는 모두 영어준비로 다들 긴장해 있다. 미리 준비해 둔 것이 참 다행이라는 생각이 든다. 입학 시 일정 수준 이상의 성적표를 제출하면 1학년 영어 수업을 면제받을 수도 있어서 성적표도 보냈다.

문장 분석을 시키라는 말이 아니다. 즐겁게 배울 수 있는 학원에 보내라. 숙제할 때 영어 위키도 좀 뒤지게 하고, 영어 유튜브에서도 자료를 좀 얻게 하자. 《해리포터》나 《마션》 원서라면 야단을 쳐도 책을 놓지 않을 것이다. 준비가 좀 안 된 친구라면 수준을 낮춰서라도 영어책을 많이 읽히자.

늦어버렸다면?

초등 저학년 정도면 전혀 늦은 것이 아니니, 원어민 학원과 영어 애니메이션, 수준에 맞는 독서로 차근차근 해나가자. 이미 수학·과학이 치고 들어오는 고학년 이상이면 확실히 조금 아쉬운 상황이다. 그래도 조급해하지 말자. 나 스스로가 영어랑 담을 쌓고 살다가 뒤늦게 필요한 만큼은 하게 된 케이스라, 몇 가지 팁을 줄 수 있을 것 같다.

우선 필요하고 좋아하는 콘텐츠부터 영어로 습득하자. 나의 경우에는 한국에 소개되기 전의 각 메이커들의 신차 소식, 새로운 애플 제품 소개 등을 순수하게 영역에 대한 호기심으로 꾸역꾸역 읽다 보니, 어느새 필요한 부분에서 리딩은 크게 막히지 않는 수준이 되었다. 우리 아이들도 유심히 관찰해 두었다가 아이가 좋아하는 영역에 새로운 소식이 보이면 은근히 링크라도 건네보자. 게임이나 전자제품 소식, 프리미어리그 소식일 수도 있겠다. 친구들에게 전하고 싶어서라도 즉시 시도해 볼 것이다.

단어가 충분하면 확실히 자신감이 붙는다. 단어 책을 사서 형광펜을 쳐가며 읽는 것보다는 단어 프로그램을 이용해 계속 질문을 받으면서 머릿속에서 꺼내게 하는 것이 효과가 좋았다. 학원에 보낼 때 해당 영역의 단어를 충실히 암기해서 보내는 것으로도 (이렇게 챙기기 힘드니까) 클래스의 다른 친구들보다 많이 앞서게 되고, 좀 늦게 시작한 영어과목에 빠르게 자신감을 붙이는 계기가 될 것이다.

무엇보다 놓지 말자. 스케줄 안에서 최소한의 공부시간을 확보해 두고 꾸준히 하자.

제6부

부모 성장 & 관계 기술

칭찬이 사라진 대치동에서
아이를 살린 한마디

칭찬에 인색한 대치동

영재고 합격까지 공부의 동력을 유지한 데는 여러 요인이 있었겠지만, 나는 그중에 칭찬이 큰 역할을 했다고 자부한다.

대치동에서 한창 과외할 때, 아이가 태어나기도 전인데 기억나는 친구가 있다. 구정고(현 압구정고)에서 임원까지 하던 친구였으니, 똑똑하고 성실한 것은 기본이었다.

과학 내신 시험을 치고 왔는데 점수가 94.5점이었나 그랬었다. 기껏해야 한두 문제 틀렸을 정도, 아니면 주관식을 좀 부족하게 썼든지 했을 거다. 어머니는 잔뜩 화가 나서 아이를 올려다 놓고 나에게 전화를 했다. 단단히 야단을 치고, 약점 위주로 더 혹독하게 시켜달라는 주문이었다. 올라온 아이의 얼굴은 이미 한바탕 소리를 들은 얼굴이었다.

그 친구가 무얼 그리 잘못했을까? 막 내신이 끝난 친구인 데다, 90점도 훌쩍 넘었다. 틀리고 싶어서 틀린 것도 아닐 텐데.

대치동과 분당에서 15년 이상 학생들을 만나면서, 참 미안한 마음이 들었다. 학생들은 우리가 클 때와는 비교도 되지 않는 많은 공부량을 소화해 내면서도 좋은 소리 한번 못 들을 때가 많다. 부모들은 더 바빠지시고 우리 교사들은 눈이 높아졌다. 선행에 선행을 더해 이제 다 알고 있는 게 기본으로 보인다. 배우러 왔는데 모른다고 구박을 한다.

이 일을 계기로 나는 "수고했다. 잘했어."를 기회가 될 때마다 하게 되었고, 아이를 키우는 와중에도 항상 상기했다. 내가 해서 나름 괜찮았다고 생각했던 팁들을 몇 가지 공유한다.

결과보다는 과정을 칭찬했다

이 칭찬법은 많이 들어서 진부하지만 정말 어려웠다. 내신 기간에 특히 신경을 많이 썼다. 내신 기간을 2주 정도 잡고 과목당 교재를 4권 정도 풀어내는데, 막판이 되면 새벽 2시까지 공부해도 시간이 모자랐다. 칭찬은 이때 했다. 시험장에 들어가기 전에.

"여러 번 있는 시험인데도 매번 이렇게 성실하게 준비해 줘서 너무 고맙다.", "안다고 자만하지 않고 겸손하게 반복해 줘서 잘했다.", "내일 잘 보면 좋겠지만, 그건 너의 노력이 보상받아서 덤으로 좋은 거지, 혹시 몇 개 놓쳐도 괜찮다." 이런 식이었다. 물론 잘 본 시험이나 결과에 대해서도 건성으로 칭찬은 더해줬다. "오~ 쫌 했네?" 수준으로.

마음에 없는 칭찬은 하지 않았다

이런저런 시험이 몇 번 있었는데, 매번 한결같지 않을 수는 있다. 좀 오만해 보이고 건성으로 준비하는 것 같을 때는 의미 없는 칭찬을 얹지는 않았다. 남들과 비교하기보다는 최선을 다했던 아들의 다른 모습을 예로 들면서 아쉽다고 솔직하게 얘기했다.

온전한 맥락의 이해

없는 말을 지어내지 않으면서, 진지하게, 자주 칭찬하려면 어떻게 해야 할까? 복기해 보니 아들의 생활의 맥락을 온전히 이해하고 있어서 가능했던 것 같다. 요즘 어떤 것을 배우는지, 얼마나 바쁜지, 수행 같은 것들이 치고 들어와 요즘 얼마나 틈이 없어졌는지 공유하고 있었다. 이 괴물 같은 스케줄 속에서 아등바등 자신의 위치를 지키려고 안간힘을 쓰고 있는 아이를 보고 있으면 매 순간이 고마웠고, 칭찬거리였다.

무소식이 희소식이라는 기조로 아이를 키우지 말자. 오히려 반대로 두 번 야단칠 거 한 번만 치더라도 칭찬은 까먹은 듯 두 번, 세 번 해주자. 원대한 목표를 향해 나아가고 있기는 하지만, 또 한편으로는 언제나 관심과 사랑이 고픈 아이들 아닌가.

부모가 먼저 사과하면
생기는 기적

나는 아이에게 잘못한 것이 있으면 열심히 사과했다. 나도 사람인지라 우연히 룰을 어기기도 하고, 상황이 바뀌어 피치 못하게 약속을 지키지 못할 때도 있었다. 상황이 어찌되었든 아이의 입장에서 아쉬운 일이라면 말로라도 풀어주는 것이 나은 것 같다.

입시와 양육 과정에서 이야기를 나누다 보면, 감정이 격양되어 하면 안 될 말을 가끔 하기도 했다. 시간이 지나서 마음이 진정되고 나면 가장 먼저 한 것이 사과였다. 사과 후에 비슷한 일이 또 왕왕 일어난 것은 지금도 미안하다. 수양이 덜 되어서... 그래도 안 할 수도 없는 노릇이라고 생각한다.

정작 잘못한 점에 대해서는 얼버무리거나 어른의 권위로 눌러

버리고는 괜히 미안하니 맛있는 것을 사준다던가, 규칙을 깨면서까지 놀려주는 방식은 최악이다. 명쾌하게 인정하지 않은 부모의 잘못을 아이는 분명히 기억할 것이고, 한편으로는 갑자기 제공되는 인과관계 없는 호의에 혼란스러울 뿐이다.

청소년이 사춘기를 겪는 큰 이유 중의 하나가, 나를 온전히 보호하고 관장하던 부모가 완벽하지 않을 수도 있다는 사실을 깨달은 것이라고 한다. 처음부터 이를 인정하는 것이 오히려 양육에 도움이 되었던 것 같다. "나도 아빠를, 그것도 중학생 아이의 아빠는 처음 하는 일이라 미흡한 점이 많다. 좀 부족하더라도 봐주라.", "나도 완벽하지 않다. 지내다가 잘못하는 것이 있으면 고치고 개선해 나가겠다."라고 대놓고 말했다.

숨겨진 SOS 신호,
거짓말로 읽어내기

과외를 하다 보면 특별히 난감한 경우가 있는데, 바로 학생이 거짓말을 할 때다. 몇 가지 특별한 기억이 떠오른다.

대치동에서 고3 학생, 그것도 9월은 되었을 때였다. 한창 달려야 하는 시기인데, 어쩐지 자꾸 "오늘은 별로 질문이 없어요.", "혼자 공부할 게 좀 있어요.", "몸이 좀 안 좋아요." 하면서 계속 수업을 빼는 일이 있었다. 믿었던 친구라 스케줄 운용에 여유를 좀 주는 편이어서 "어머니도 아시지?" 정도만 물어보고 학부모에게는 따로 연락하지 않았었다. 그게 실수였다. 수업 피드백을 위해 전화를 드렸더니, "이제 수능도 임박했는데 수업 변동이 너무 잦은 것 같다."라는 이야기를 들었다. 당황스러웠다. 학부모는 내가 수업을 변경하거나 취소한 줄 알고 있었던 거였다.

또 다른 한 친구는 거짓말을 입에 달고 살아서 예의주시하고 있던 친구였다. 9월 모평 직후였고, 생물2 시험지를 풀이해야 하는 수업이었다. 근데 안 가져왔단다. 점수는 41점에 세 개 틀렸다고 했다. 당시 시험 난이도로는 상당히 잘 본 결과여서 내심 기뻤지만, 한편으로는 의심이 들었다. 내가 별도로 출력을 해서 점수 부분(2점 혹은 3점 표시되어 있는 부분)만 화이트로 지운 채로 틀린 문제를 표시하라고 시켰다. 표시한 문제로 41점 조합이 안 나왔다. 나는 그날 그 학생 과외를 잘랐다.

우리 아이라고 항상 정직하기만 했을까? 아직 그런 것에 대한 개념이 부족한 나이에도, 혹은 조금은 알 듯한 나이에도 소소한 거짓말은 있었다. 물론 학생 관찰 20년 차에겐 너무 빤히 보여서 귀엽기까지 했지만. A급 수학에서 지금 실력에 도저히 풀 수 없을 것 같은 문제를 답지와 똑같은 방식으로 나에게 설명하려고도 했다. 잔다고 방에 들어간 아이의 얼굴을 한 번 보러 문을 살짝 열었는데, 후다닥 소리가 나더니 뒤가 뜨끈뜨끈한 아이패드가 발견되기도 했다.

그때마다 바로 "너 뭐 했지!"라고 단정 짓기보다는 최대한 기회를 줘서 자기 입으로 사실을 말하도록 기다려주었다. 그리고 그럴 때는 명확한 "잔소리 대폭 감면 혜택"도 주었다. 심지어 "숨기지 않고 이야기해 줘서 고맙다."고 얘기한 적도 있다.

내가 지켜본 바로는, 거짓말로 순간을 모면하려는 아이들은 그 모면한 잠깐의 숨 쉴 틈이 필요할 정도로 탈출구가 없는 경우가 대부분이었다. 하교 후 학원 사이사이마다 촘촘하게 엄마가 라이딩을 하고, 숙제 스케줄과 학원 스케줄은 잠시의 안일함을 허용하지 않는다. 내일의 두 배의 잔소리보다 지금 잔소리 없는 10분이 더 필요한 아이들. 잘하면 되지 않냐고? 자신들도 할 수 없는 불가능한 일을 들이밀고 있는 부모들도 많다. 앞에서 내가 잘랐다는 학생의 학부모는 내신 끝나는 날 바로 과외 수업을 시작시키면서 "뭐 하나 사주면 돼요."라는 뜨악한 말을 남긴 바로 그 학부모였다.

그래서 나도 - 자주 있었던 일도 아니지만 - 아이가 답지를 본 걸 숨기거나 몰폰을 한 날에는 치킨이라도 먹으면서 이야기를 들어주려고 노력했다. 앞에 있는 문제가 얼마나 벽같이 느껴지고, 내 부탁이 얼마나 압박스럽게 느껴졌으면 답지를 보고도 혼자 발상한 것처럼 둘러댔을까? 지금 생각해도 미안한 생각이 올라온다.

잔소리 감면권의 위력이었을까? 나와 아이 사이에는 조금은 자랑하고 싶을 정도의 신뢰는 있는 것 같다.
어떤 순간 아이가 거짓말한 것을 알았을 때, 마구 추궁하기보다는 너무 운신의 폭이 없었던 것은 아닌지, 한번은 살펴봐 주자. 진짜 속마음을 털어놓아 줄지도 모르겠다.

남자아이 사로잡는 양육법, 룰 세우기

아이 키우기, 특히 남자아이 키우기에서 정말 중요한 것이 일관성이다.

아이들은 세상을 배워가는 단계로 아직 모든 맥락 파악에 익숙하지 못하다. 비슷한 상황에서 우리가 어떤 때는 이렇게 행동하고, 어떤 때는 저렇게 행동한 것을 아이는 순순히 받아들이지 못할 수도 있다. 그러면 아이는 스스로 원칙 없이 하고 싶은 대로 행동하는 성향이 되어버리기도 하고, 부모가 규칙에서 벗어날 때 이를 빌미로 공격하기도 한다.

그래서 나는 생활 속에서 규칙들을 5~6개 세웠다. 서로 협의도 하고 아이의 사정도 들어주지만, 결정권은 어른에게 있다는 것도 주지시켰다. 아이가 커감에 따라 어떤 규칙들은 없어지기도 하고, 어떤 규칙들은 새로 생겨나기도 했다.

초등 고학년부터 중학교 때, 우리 집에 있었던 규칙들을 나열해 보면 다음과 같다.

- 하루에 게임은 20분, 카카오톡 20분
- 하루에 유튜브는 30분 (영어 콘텐츠만, 거실에서)
- TV는 일주일에 런닝맨 1개
- 공부는 거실에서, 음악을 듣지 않으면서
- 내신 때는 과목별 문제집 4권

무조건 지켜주고 존중하는 것이 포인트

여가와 놀이에 관한 규칙들은 친구들에 비하면 빡빡한 편이었는데, 한편으로는 아이의 작고 소중한 권리라고 생각하고 무슨 일이 있어도 지켜주었다. 가령 이것저것 하다가 게임을 못하고 늦은 밤이 되었을 때도 게임을 꼭 시켜준다든지, 내신 때 유튜브를 일주일쯤 못 보면 끝난 날 몇 시간을 몰아보게 해준다든지 하는 것이다.

의외로 주변에서 보면 약속한 것을 아무렇지도 않게 걷어가면서 부모의 권위로 윽박지르는 모습을 많이 볼 수 있었다. 그러면 아이도 일관성을 잃게 되고, 미래를 위해 즐거움을 잠시 미루는 것에 매우 거부감을 갖게 된다. 게임 20분의 보장이 흔들릴 때 공부 20분 계획도 우습게 보일 것이다.

잔소리 없이 분위기 잡는 방법 – 알지만 힘들죠?

　가정에서의 이런 룰이 작동하려면 부모가 모두 노력해야 한다. 저녁을 먹고 나서 부모는 모두 드라마를 보는데, 아이가 책상 앞에서 공부할 거라는 기대는 버리자. 옆에서 책을 읽는다든지, 새로운 걸 배울 수 있는 동영상 강의를 보든지 하자. 저녁때까지 일하고 왔으니, 휴식을 취할 수도 있지 않냐고 항변할 수도 있다. 그런데 아이도 분명 낮시간 내내 학교생활을 하고 왔다는 것을 기억하자. 공부의 잘하고 못함과 상관없이 학교에서 선생님에게 인정받기 위해, 친구들과 어울리기 위해 얼마나 신경 쓰고 노력하는지 우리가 다 알지 못한다. 영과고 입시 공부든, 자사고 대비 공부든, 예능이든 우리는 지금 아이에게 남들과는 다르게 조금 더 시간과 노력을 투자하고, 현재의 행복을 조금 희생하기를 요구하는 중이다. 우리가 누릴 것을 다 누리면서 바라는 것이 이루어질 리는 없다.

매일의 모습에서 모범을 보이는 것을 넘어, 목표를 정하고 스케줄을 짜고, 하나하나 이루어가는 모습을 보여주면 더욱 좋겠다. 나는 내 회사에서 서비스하는 앱이 있는데, 아예 아이 내신 기간을 집중 업데이트 주간으로 잡아 새벽 2시까지 일을 했다. 내신 기간 때마다 기능이 팍팍 붙어나갔다. 그 외 코딩 강의나 부동산 경매 강의도 들으면서 목표를 정하고 지속적으로 공부하는 모습을 계속 보여주기 위해 노력했다. (우선은 나를 위한 행위였다. ^^)

이렇게 모범을 보일 때, 얻을 수 있는 2가지 효과가 있다. 가장 큰 효과는 "아이가 억울해하지 않는다."는 것이다. 힘들게 공부하긴 하지만 옆에서 자리라도 지켜주는 전우(?)들이 있다는 사실에 큰 위안을 받았다고 본인이 직접 이야기했다. 그리고 우리도 1시간 동안 책상 앞에 앉아있는 것이 얼마나 힘든지 알게 되고, 아이를 좀 더 마음으로 이해할 수 있게 된다.

사춘기 아이 프라이버시 존, 어떻게 지켜줄까?

　평생 품고 살 수 있을 것 같았던 아이가 어느새 방문을 닫기 시작한다. 폰도 화면을 최대한 엄마 아빠 못 보게 돌려서 하고. 좋은 친구들을 사귀고 있는지, 연애를 하고 있는 건 아닌지, 힘든 일은 없는지 걱정이 된다. 궁금해서 조금만 물어볼 참이면 그냥 짜증을 내며 쏘아붙이니 더 묻기도 힘들다. 자리를 비운 사이 보이는 아이의 폰은 마치 판도라의 상자인 것처럼 탐스러워 보인다.

　그래도 눈 딱 감고, 최대한 존중해 주어야 하는 것이 아이의 사생활인 것 같다. 분명 미숙하고 법적으로도 미성년자인 아이니, 부족한 면들이 보일 테다. 그렇지만 그것은 우리가 아이의 공간에 침입함으로써 해결되지는 않는다. 오히려 갈등만 만들 뿐.

나는 적어도 프라이버시 면에서는 아이와 큰 신뢰관계를 쌓을 수 있었다. 그중 몇 가지 큰 원칙을 풀어놓는다.

아이의 폰 훔쳐보기 금지

첫 번째 중요한 철칙은 어떤 일이 있어도 아이의 폰, 특히 문자나 카톡 대화내용을 보지 않는 것이다. 폰은 하나의 가상 공간이다. 사춘기가 된 자녀의 방에 불쑥 들어가지 않듯이 폰을 열어보지 않는다. 같이 지내다 보면 비번도 알 수 있고, 패턴을 알 수도 있다. 가끔씩 폰이 잠겨지지 않은 채로 아이가 자리를 비우는 때도 있다. 그래도 절대로 열어보지 않는다.

두 가지가 따라붙으면 더 좋겠다. 이렇게 우리가 노력하고 있는 것을 아이에게 명확히 이야기하자. "엄마 아빠가 아들 폰에 무슨 내용이 있는지 궁금하지만, 이건 너 잘 때도 절대 열어보지 않아. 너의 소중한 공간이잖아."라고 계속 지켜주고 있다고 티를 내자. 아이가 진심으로 고마워하고 신뢰하는 것을 몇 번이나 느꼈다. 여기서 중요한 포인트는 진짜로 보지 않는다는 것이다.

"혹시 나쁜 친구들을 사귀고 있으면 어떻게 하나요?", "왕따나 학폭을 당하고 있으면 어떻게 해요?" 이런 문제가 있다고 쳐도 그것이 폰을 몰래 열어서 해결되지는 않는다. 그냥 수시로 솔직하게 이야기해 주자. "학교에서 힘든 일, 견디기 어려운 일이 있으면 언제든지 이야기해! 여기 영원한 OO 편이 있다는 것도 기억하고."

이성 친구 이름

아이가 학교에서 있었던 일을 전할 때, 가끔씩 이성 친구 이름이 나오기도 한다. 이때 많은 부모들이 너무 과도한 관심을 표하는 것 같다. 중성적인 이름이 지나갈 때면 꼭 "그 애는 남자야, 여자야?" 하고 묻기도 하고. 시간이 지나서도 불쑥 꺼내서 묻는다.

실제로 이성으로 생각하는 경우도 있겠지만, 그냥 친구로서 이야기를 나누는 경우가 훨씬 더 많다. 공부하다 모르는 게 있으면 물어보기도 하고, 하교 때 닭강정 한 컵 같이 먹을 수도 있는 일이다.

제발 적당히 물어보고 침소봉대해서 아이를 피곤하게 하지 말자. 그러면 정말 더 꾹 입을 닫아버릴지도 모른다. 그렇게 시시콜콜 챙기는 것은 부모 자식 간에 대화의 피로도만 높일 뿐이다. 바쁜 학창시절에 연애라도 할까 걱정이 되지만, 그렇게 꼬치꼬치 물어보고 경계한다고 해서 해결되지는 않는다.

부부간에 들은 말 공유 안 하기

마지막으로 내가 신경 썼던 부분은, 부부간에라도 아이가 말한 것을 털어놓지 않는 것이었다. 한참 지나고 보니 아내도 그랬던 것 같다.

아이가 직접 부모 둘 모두에게 어떤 이야기를 하지 않을 때는 그 문제가 한쪽에만 털어놓고 싶어서 그랬을 수도 있다. 가령 공부의 버거움은 아무래도 내가 좀 부담스러웠는지 엄마에게 하소연했던 것 같다. (이 사실도 영재고 1학기를 끝낸 후에야 어찌어찌 알게 되었다.) 또 친구관계 이야기는 엄마의 호들갑에 힘입어 나한테 좀 더 몰렸었다.

특별한 부탁 - "얘기 좀 전해줘!" 같은 - 이 있지 않는 상황에서 나는 이야기를 우리 둘 사이의 비밀로 간직하려고 노력했다. 아이가 학교에 가고 나면 황량한 집에 부부 둘밖에 없지만, 아이가 비밀스럽게 나에게 한 이야기를 나누지는 않았다. 그것이 지켜진 것, 그리고 지켜질 것이라는 믿음이 우리 부자 사이를 더 돈독하게 만들었다.

별말이 아닐 수도 있고, 전해도 되는 것일 수도 있지만, 그 판단은 오롯이 아이에게 맡겨 두자. "아, 왜 말했어!"라는 원망을 굳이 들을 필요는 없다.

사춘기의 문은 부모가 두드릴수록 더 굳게 잠긴다. 그래서 우리는 열쇠를 찾기보다 문지방을 지켜주어야 한다. 폰은 방과 같은 사적 공간임을 인정하고, 이성 친구 이야기는 호기심이 아닌 존중으로 듣는다. 아이가 한 말은 부부 사이에서도 '아이의 것'으로 남겨 둔다. 침해 대신 신뢰를 쌓을 때, 아이는 필요할 때 스스로 문을 연다. 완벽히 알지 못해도 괜찮다. 정기적으로 "괜찮아?"만 묻고 대답을 기다릴 인내, 위험 신호만 함께 점검할 기준, 그리고 실수했을 때 다시 대화로 돌아올 피난처를 준비하자. 그렇게 자란 신뢰는 자율과 책임의 뿌리가 된다.

엄마는 가속, 아빠는 브레이크?
합의의 기술

학원을 배경으로 하는 육아 드라마를 보면 엄마는 뭘 시키려 하고 아빠는 "그만해~ 힘들대잖아~" 하면서 아이를 감싸는 장면이 자주 나온다. 엄마는 도와줘도 모자란 상황에서 김을 빼버리는 아빠가 마냥 얄미워서 눈을 한껏 치켜올린다. 이렇게 교육관에서 차이가 나면 어떻게 해야 할까?

우선 이 글을 읽고 있는 부모라면, 적어도 좀 시키고 싶은 부모라는 생각이 들기에, 이를 기준으로 내 생각을 좀 써보려 한다.

아이를 키우고 교육시키는데 아이러니하게도 배우자가 큰 장애물일 수 있다. 물론 여기서 장애물이라는 것은 우리가 공부를 시키고 싶은데 배우자가 방해된다는 뜻이고, 배우자가 보았을 때는 오히려 본인을 극성으로 보고 있다는 이야기일 수도 있다. 부부 사이의 교육관에서 느긋함과 절박함의 정도가 똑같기는 힘든 것이 현실이다.

아이들이 "힘들다!"라고 말하는 상황에도 구분이 필요하다. 아이의 힘들다는 말이 단순히 푸념일 때가 있다. 이런 경우라면 "오구오구" 해주면서 위로하고 다시 일어설 수 있도록 지지해 주는 게 맞다. 이럴 때 부모 중 한쪽에서 "힘들면 그만해!"라고 쉽게 말해버리면 오히려 힘이 빠지고 끈기를 기를 기회를 잃게 된다. 심지어 나중에 "그때 계속 시키지 왜 그만두게 했어?"라고 화살을 돌리는 아이도 있다. 공부든 예능이든 친구와 격차가 나니 샘이 나는 것이다.

반면 아이가 보내는 어떤 신호는 정말 한계 상황일 수 있다. 평소 충분히 맥락을 공유하면서 이런 상황이 오면 혹은 오기 전에 잘 알아채고 멈추어주자.

무엇보다 중요한 것은 이런 교육관의 심한 갈등을 아이 앞에서 드러내지 않는 것이다. 양육자가 아이 앞에서 의견 차이로 목소리를 높이면 아이는 혼란스럽고 불안할 수밖에 없다. 힘든 공부를 하는 와중에 아무래도 달콤한 쪽으로 마음이 기우는 것도 우려가 된다. 그러니 이렇게 미리 이야기해 두자. "내가 너무하는 것 같으면 사인을 좀 보내줘. 나도 심호흡 한 번 하고 돌아볼게."

가족 간에 이야기를 많이 나누자. 남들보다 조금 더 일찍 시작하는 것, 조금 더 시키는 것이 왜 필요한지 설득해 보자. 그리고 이야기가 반복되지 않게 기준을 세우고 기분이 아닌, 기준에 따라 양육한다면 배우자뿐 아니라 아이까지도 좀 더 동의해 줄 수 있을 것이다. 또 우리 스스로도 정말 나의 욕심이 아니라, 아이의 자기주도적인 미래를 위해 이 공부를 시키고 있는지, 이만큼이나 시키고 있는지 끊임없이 검열하자. 자칫하면 나의 욕심이 "아이를 위해서"라는 가면을 쓰고 온 가족을 잡아먹기도 하니까.

가르쳤던 학생의 학부모에게
보내는 마음

예전에 낙생고 학생 몇 명을 가르쳤던 적이 있다. 그때 만났던 학생 중 OO이는 벌써 군 제대 소식까지 들린다. 시간이 정말 빠르게 흘렀다. 개인적으로 잘 따라주어서 지금도 연락하며 지내고 있다.

아이를 키우다 보면 문득 과거 가르쳤던 학생들과 부모님들이 생각이 나기도 한다. 중학교 2학년이 될 때쯤엔 유독 이 친구가 생각이 났었다.

가르치던 당시를 생각하면 참 죄송한 마음이다. 어린 학생들의 하루가 분초로 나뉘어 있는데도 숙제를 수백 문제씩 추가로 주거나 암기 시트를 강요하기도 했다. 그 와중에 잘해온 것에 대해 칭찬은 왜 그리도 인색했고, 옥의 티에는 왜 그렇게 냉정하게 목소리를 높였을까? 숨 쉴 틈이라도 있었을까 싶다.

학부모에게 전화해서 부탁만 드리면 없던 시간도 만들어질 줄 알고 공부 한 시간, 숙제 한 페이지를 아무렇지도 않게 부탁을 드리곤 했었다. 부모가 되어서 시켜보니 이제야 알겠다. 책상 앞에 앉히는 것만 해도 온 정신과 남은 체력을 다 털어 넣어야 하고, 글자 한 자 더 보게 하려면 다시 안 볼 사람처럼 날을 세워야 한다는 것을.

특히 이 어머니는 내가 부족해서 나온 아쉬운 첫 대입 결과에도 선뜻 자식의 미래를 축복해 주셨다. (이런 축복 때문이었는지 재수 후에는 넉넉히 원하는 대학에 진학했다.) 기대의 크기를 알고 있었기에, 당시 전화를 했을 때 정말 놀랐었다. 나 또한 한없이 부어주고 또 앞날을 응원하는 부모가 되어야겠다고 다짐했었다.

아들과 헤어지는 중입니다

11월 하고도 말이니, 아이가 한과영에 합격한 지도 3개월이 다 되어간다. 그동안 셀러브레이션도 엄청 했다. 나랑 와이프가 지인들에게 쓴 외식비만 백만 원은 넘어가는 것 같다. 그만큼 이 시간을 즐겼다. 한편으로는 우리 사이에 정리할 것들이 드러나는 시간이기도 했다.

오래전의 나는 과학고에 합격하고 나서 들어가기 전까지 특별한 임무를 수행했다. 우리 반에서 시끄러운, 좀 노는(?) 친구들을 모아서 빨리 하교함으로써 나머지 친구들이 고등학교 연합고사를 준비하는 데 자습 분위기를 좋게 하는 역할이었다. 나는 그네들과 노래방도 가고, 당구도 치며 열심히 놀았다. 그랬더니 90명 중에 6등으로 입학했는데, 첫 시험에서 88등을 찍었다. 지금 생각해도 너무 아쉬운 4개월이었던 것 같다.

나의 시행착오의 기억도 있고, 그 사이 더욱 거세진 선행 열풍을 감안하니, 마음이 급해졌다. 머릿속에는 이미 각 과목의 1, 2, AP, 일반 수준까지의 로드맵이 그려졌다. 밀린 책들 - 두껍고 어려운 교양책 - 도 읽히고 싶었고, 치열하게 밤새는 탐구도 하나 했으면 하는 기대가 스멀스멀 올라왔다.

결국 사달이 났다. 시험 기간에는 "이것이 최선이다."라는 나의 공부법에 특별히 반기를 들지 않던 아이가 거부하기 시작했다. 이제 여유가 생기니, 자아가 더 고개를 드는 시간이 찾아왔다.

일정관리에서 물러나고, 탐구 요구도 접었다. 책 읽기 요구도 접었다. "아빠 이제 이 부분은 제가 알아서 할게요."라고 부탁해 주었으면 좀 더 명예롭게 물러났을 텐데, 모양새는 좀 티격태격하는 모양새가 돼버렸다. 물러날 때마다 내가 할 수 있는 말은 "다음에 이런 부분이 있으면 좀 부드럽게 말해주라." 밖에 없었다.

모든 부모에겐 언젠가는 이런 순간이 오는 것을 알고 있었다. 다만 대부분이 대학생일 즈음이라면 나에겐 3년 더 일찍 찾아온 것 같다. 그것도 3월일 줄 알았는데 11월이었다.

인생을 반쯤 살았고 그 반을 다시 애들을 가르치며 지냈다 보니, 너무 관여적이고 평가적이었던 것 같다. 마치 직업병처럼. 모든 포인트에 지적질을 하는 아빠가 얼마나 숨이 막히고 미웠을까 생각하니 괜스레 미안해진다. 오히려 원대한 목표를 위해 꼰대의 자잘한 간섭에도 그동안 묵묵히 해준 것이 고마웠다.

마음 한켠의 "고얀 것!" 하는 생각은 흘려버리고 아들을 축복하고 응원하고 싶다. 조금은 미흡하고 시행착오가 있더라도 그것마저 아이의 경험인 것을 인정해야겠다. 한 발짝이라도 잘못 디디면 낭떠러지인 상황은 아니지 않는가 하면서 위안한다.

제7부

아이에게 보내는 편지

이 편지들은 입시 기간 전후로 아이에게 보낸 메시지와 이메일을 간추린 것이다. 지극히 개인적인 기록이지만, 사춘기 아이를 공부시키며 공감하고 위로하고자 했던 마음과, 어쩌면 글을 쓰며 스스로의 마음을 정돈했던 흔적들이 고스란히 담겨 있다. 조금은 부끄러운 이야기이지만, 이 편지들을 통해 독자들도 자녀와 진솔하게 소통하는 작은 실마리를 얻을 수 있기를 바란다. 또한 독자 여러분도 가끔은 이렇게 아이에게 글로 마음을 전해보면 어떨까 권해본다.

영재반 공부를 시작하고

아들아, 안녕?

지금쯤이면 학원 버스 타고 돌아오는 길이겠다. 잘 돌아오고 있니~?

요즘 공부한다고 힘들지? 훌쩍 일찍 시작한 친구들 사이에서 아등바등 따라가 보려고 애쓰는 모습이 멋지기도 하고 안쓰럽기도 하네. 싫다고 때려칠 수도 있었을 텐데, 묵묵히 해주는구나.

아빠는 네가 열심히 해서 고맙기도 하지만, 열심히 하거나 잘해서 사랑하는 게 아니라 그냥 있는 그대로를 사랑한다!!

목표가 마음에 든다면 열심히 하는 게 좋지만, 혹시나 주입된 목표가 아닌지 항상 신경이 쓰인다. 이것저것 다양한 생각을 해보고 하고 싶은 거 있으면 이야기 꺼내줘~ 어떤 길이든 응원하고 힘 닿는 데까지 지원해 줄게.

집에 오면 우리 맛있는 거 먹자!

3학년 파이널 준비 중

아들~ 스캔 가게에 가서 모의고사 3회~12회 스캔해 뒀어. 답 부분도 지워뒀어. 빈 시험지에 다시 복습하면 훨씬 낫겠지?

한 장 한 장 스캔하면서 네가 푼 거를 보니까 감회가 새롭더라! 꼼꼼하게 채워낸 칸은 정말 고생했겠구나 싶고, 또 훤히 비어 있는 칸은 얼마나 막막했을까 하는 생각도 들었어. 그리고 열심히 썼지만 그어져 있는 답안지에는 또 얼마나 실망하고 아쉬웠을까?

얼마 남지 않은 시간 충분히 쉬면서 하라고는 입이 안 떨어지네. 내일이 없을 것처럼 다 쏟아붓고, 끝나면 우리 완전 퍼져서 쉬어버리자. 항상 사랑한다.

2단계 시험장에 들여보내 놓고

아들아, 긴장되지? 바깥에 있는 나도 그런데 너는 얼마나 그럴까? 작년에 엉겁결에 얻은 기회로 시험장에 한 번 들어가 봤던 것이 작은 위안거리인 것 같다. 그래도 항상 큰 시험에 더 강했으니까 좋은 결과 있을 거야.

좋은 결과. 물론 붙으면 가장 좋겠지. 원했던 학교고 그동안 열심히 했으니까. 그렇지만 떨어져도 우리 너무 낙심하지 말자. 몇 번의 좋은 학교를 위한 기회도 있고, 지역 고등학교를 가더라도 얼마든지 좋은 3년 보낼 수 있어.

무엇보다 이번 시험 준비는 후회가 남지 않네. 우리가 작년부터 적었고, 수십 번은 더 확인했던 자소서를 이것보다 더 잘 적을 수 있었을까? 중요 교재 틀린 걸 5번이나 다시 풀어보고, 어제저녁 마지막 모르는 한 문제를 위해 인강을 다시 결제해 가면서 준비한 수학·과학인데 우리가 올해 초로 돌아간다고 하더라도 이것보다 더 할 수 있었을까? 나는 고개가 저어진다.

너는 이미 너를 한계까지 시험해 봤다. 네가 마음을 먹었을 때, 어떤 분량의 공부를 언제까지 마칠 수 있다는 가늠도 이제는 가능해졌고, 커피 한 잔과 음료수 한 병이면 몇 시까지 거뜬한지 알 정도로 네 몸도 다룰 수 있게 되었어. 두고두고 도움이 될 포인트인 것 같다.

시험장에 넣어놓고 나오니 해줄게 마음의 응원밖에 없네. 평소 실력만 잘 발휘하고 나오길 바란다. 저녁에 맛있는 거 먹자!

합격 후

아들아, 축하한다! 정말 고생 많았다.

10시에 떨리는 마음으로 조회창을 열고 정보를 채워 넣었다. 그리고 화면에 합격이란 글자를 확인하니 눈물이 왈칵 쏟아졌어.
  자소서도 좋았고, 2단계도 잘 봤고, 면접 때 행운도 따라서 "이변이 없는 한 붙겠지!"라고 우리 모두 다 생각하면서도, 또 한편으로는 그 이변이 일어나면 어쩌지? 혹시 면접 때 하나 틀린 게 발목을 잡을까? 2단계 서술 점수가 박했으면 어쩌지? 하는 일말의 불안감이 은연중에 온 가족을 짓누르고 있었나 보다.

  훌쩍훌쩍 우는 동안에 몇 년 동안 이 시험을 같이 준비해 온 장면들이 주마등처럼 스쳐갔어. 돌이켜보면 정말 내가 한 건 별로 없고 너는 매 순간 열심히였구나. 이 긴 터널을 잘 버텨주고 원하는 결과까지 손에 넣은 너에게 다시 한번 고마움과 경의를 표하고 싶다.

한 일주일 아무것도 하지 말고 몸이 찌뿌둥하고 입에서 단내가 날 때까지 푹 쉬어버리자. 그리고 아직 실감 나지 않는 이 합격의 기분을 마음껏 즐기길 바란다. 나도 그럴 거다. 그리고 조금 정신을 차리고 나면 주변에 고마웠던 사람들에게 인사도 다니고, 학교 갔을 때 필요할 것 같은 공부들도 조금은 챙겨서 가자.

이제 너는 사회에 나갔을 때 "한때 열심히 뭔가 한 적이 있습니다. 그리고 꽤 잘했습니다."라고 표 낼 수 있는 간단한 징표를 하나 얻었다. 한국에서는 그게 너무 강력해서 어떤 때는 민망할 때도 있을 거야. 그렇지만 돌이켜보면 이건 단지 시작이었던 것 같다. 몇 년 동안 배우고 싶은 것들 있는 힘껏 배워 보았으면 좋겠다. 하고 싶은 것도 다 하고. 얼마나 멋진 미래가 펼쳐질지 상상도 가지 않는다.

나는 이제 너에게서 한 손 떼려고 한다. 습관이 남아있으니 심심찮게 참견이 튀어나와 너를 귀찮게 할지도 모르겠네. 그래도 최대한 너의 홀로서기를 위해 나도 노력할게. 항상 사랑하고 응원한다!

에필로그

저의 작은 경험에 관심 가져 주셔서 감사합니다. 빨리 세상에 내놓고 싶었는데, 어느덧 다음 기수 학생들의 합격 소식이 들릴 만큼 오래 걸렸네요. 급한 마음에 다 쏟아놓기보다는 정말 좋았던 것, 정말 후회했던 것들을 고르고 고르느라 시간이 좀 걸렸습니다. 몇 개월 늦더라도 30년간 변하지 않았던 공부와 관계의 본질을 담으려 했으니, 양해 부탁드립니다.

이 책을 통해 여러 가지 공부법과 양육법을 소개했지만, 마지막으로 꼭 강조하고 싶은 것이 있습니다. 그것은 바로 성적과 결과가 전부가 아니라는 것입니다. 점수와 순위는 순간의 지표일 뿐, 진정한 성공은 끊임없이 지식을 쌓고 깊이 있는 생각을 통해 실력을 기르는 데에서 나옵니다. 이렇게 쌓아올린 실력과 사고력은 결국 시간이 흐를수록 빛을 발하며 당신을 승리로 이끌 것입니다.

또한, 청소년기 인생에서 중요한 것은 단지 콘텐츠를 소비하는 것이 아니라, 무엇이든 미친 듯이 몰두해 보는 것입니다. 음악이든, 독서든, 여행이든, 운동이든 분야를 가리지 않고 자신을 한계까지 밀어붙이는 경험이 필요합니다. 이렇게 자신을 끝까지 시험해 볼 때, 우리는 특정 분야에서 상위 집단에 들 수 있는 자신감을 얻을 수 있습니다. 자신감을 얻은 사람은 어떤 도전 앞에서도 두려움 없이 나아갈 수 있습니다.

모두가 같은 목표를 향해 경쟁한다면 100명 중 99명이 낙오하게 됩니다. 하지만 우리 각자는 저마다 다른 100개의 분야에서 1% 안에 들 수 있는 가능성을 지니고 있습니다. 모두 같은 길만을 바라보지 말고, 각자 자기만의 길에서 최고가 되어 보세요.

이 긴 글을 통해 전하고자 했던 바가 독자 여러분의 마음속에 작은 불씨가 되어 더 큰 꿈과 도전을 이루어 나가는 힘이 되길 바랍니다.

다시 한번 긴 글 읽어주셔서 진심으로 감사드립니다.

부록

| 생각을 풍부하게 해주었던 필독서 |

| 재밌고 도움도 되는 유튜브 채널 |

생각을 풍부하게 해주었던
필독서

자연과학

《코스모스》
칼 세이건 / 사이언스북스 / 난이도 ★★

우주의 탄생과 진화, 생명의 기원, 인간 지성의 미래를 한 흐름으로 보여주는 교양서다. 상대성이론의 시간 지연 같은 개념도 비유로 풀어 이해가 쉽다. 거대한 스케일 앞에서 스스로의 위치를 묻게 되고, 읽은 뒤엔 천문학·우주탐사 뉴스를 찾아보며 호기심이 확장된다. 우주를 안다는 건 결국 인간을 아는 일임을 깨닫게 된다. 별자리 관측이나 NASA 공개 데이터를 찾아보며 질문을 이어 가기 좋다. 과학 다큐와 팟캐스트를 곁들이면 이해가 더 탄탄해진다.

《이기적 유전자》
리처드 도킨스 / 을유문화사 / 난이도 ★★★★

생명을 유전자 중심 시각에서 다시 보게 하는 책이다. 개체는 유전자의 생존 기계라는 주장 아래 복제 오류와 자연선택이 어떻게 진화를 이끄는지 논리적으로 제시한다. 이타심조차 전략일 수 있다는 관점이 사고를 흔든다. 또한 '밈' 개념으로 문화 전파를 설명해 사회과학과 연결시킨다. 읽고 나면 진화생물학, 유전자 풀, 게임이론 같은 주제로 탐구가 뻗어간다. 통계적 사고도 자극된다.

책 분량이 상당하고 생물2 수준의 배경지식이 없으면 책장이 쉽게 넘어가지 않는다. 그래도 유튜브 해설영상과 가족의 힘으로 꼭 50% 이상 읽기를 권장한다. 유전에 대한 탄탄한 배경지식, 진화에 대한 다양한 사례도 구경할 수 있다.

《퀀텀 스토리》
짐 배것 / 반니 / 난이도 ★★★★

중학생에게는 다소 어려운 편이지만, 이야기 중심으로 읽으면 양자역학에 눈을 뜨게 해준다는 점에서 값진 책이다. 플랑크에서 힉스까지 이어지는 논쟁과 실험을 따라가며 '왜 그런 공식이 필요한가'를 깨닫게 된다. 수식이 어렵다면 먼저 인물과 사건 흐름만 추려 읽고, 모르는 용어는 메모해 두었다가 나중에 찾아보면 부담이 줄어든다. 그래도 도전할 가치는 충분하다.

《다정한 물리학》

해리 클리프 / 다산사이언스 / 난이도 ★

거시 세계에서 원자, 쿼크까지 내려가며 물질의 구조를 친근한 비유로 설명한다. 또 가장 작은 입자를 찾으려 세계 최대의 LHC를 짓는 역설은 과학자의 집념을 실감하게 한다. 실험 장비가 왜 커질 수밖에 없는지, 데이터가 어떻게 쏟아지는지도 다뤄 과학 연구의 현실을 엿보게 한다. 수식을 최소로 한, 접근하기 쉬운 물리 대중서이다.

사회과학

《정의란 무엇인가》

마이클 샌델 / 와이즈베리 / 난이도 ★★★

행복·미덕·자유 세 기준으로 '정의'를 따져 보는 책이다. 오멜라스의 아이, 트롤리 문제 같은 딜레마 속에서 왜 옳은가를 스스로 논증하게 만든다. 토론이나 글쓰기 과제로 이어지기 좋고 윤리학, 정치철학, 법학으로 생각의 폭을 넓힌다. 공익과 권리의 충돌, 개인의 책임과 공동선 같은 주제를 현실 사례에 대입해 보며 가치 판단의 기준을 스스로 세울 수 있다.

이 책은 특별히 강력 추천한다. 책 자체도 흥미롭거니와 영과고, 자사고 면접, 토론 준비로도 제격이기 때문이다. 토론이라면 어떤 행위에 대한 가치 비교 쪽으로 흘러가기 마련인데, 이 책은 그런 토론에서 명확한 기준을 세우는 다양한 시각을 알려주기 때문이다.

《총균쇠》
재레드 다이아몬드 / 김영사 / 난이도 ★★★★

인류 발전의 격차가 인종이 아니라 지리·환경·가축·병균의 차이에서 비롯됐다는 가설을 방대한 사례로 풀어낸다. 코로나를 겪은 학생이라면 병균이 문명을 어떻게 바꿨는지 더 실감한다. 읽고 나면 역사 암기 대신 '왜?'에 집중하게 되고, 지리학·생태학·전염병학으로 탐구가 뻗는다. 지역 불평등과 개발 논쟁을 볼 때 구조적 원인을 따져보는 시각을 준다. 데이터와 가설을 연결하는 방식은 과학적 사고 연습에도 좋다.

《사피엔스》
유발 하라리 / 김영사 / 난이도 ★★★

사람이 지구의 지배자가 된 과정을 인지·농업·통합·과학 네 혁명으로 설명한다. 각 '개선'이 새로운 부담을 낳는다는 관찰은 기술을 무조건 선으로 보지 않게 만든다. AI·유전자 편집 같은 현재의 혁신을 농업혁명에 견주어 비판적으로 볼 잣대를 준다. 읽고 나면 인류학·경제사·미래학 자료를 더 찾아보며 다음 혁명이 무엇일지 상상하게 된다. 학교 과제나 토론 주제로도 활용하기 좋다. 허구와 신화가 협력을 가능케 했다는 주장도 사회를 바라보는 프레임을 바꿔 준다.

《미적분의 쓸모》
한화택 / 더퀘스트 / 난이도 ★★

로켓 궤적, 과속 단속, 기후 모델처럼 일상과 산업 곳곳에 숨어 있는 미적분의 쓰임을 사례로 풀어준다. '정확한 해가 없어도 근사로 세상을 설명한다'는 관점이 수학의 실용성에 대해 생각해 보게 해준다. 문제 풀이를 넘어서 모델링·시뮬레이션에 관심이 옮겨가고, 물리·경제·생명과학에서 미분방정식이 어떻게 쓰이는지 찾아보게 된다. 영과고를 준비하는 친구들은 미적분은 선행 안 하는 경우도 많다. 우리 아이는 미적분 공부를 한 쪽이었는데, 이 때 이런 쓸모를 알고 공부하니 훨씬 나았던 것 같다.

설득/작문

《기획의 정석》
박신영 / 세종서적 / 난이도 ★

막연하던 '기획'을 사용자의 불편에서 출발해 구조화하는 법을 알려준다. P·P·P(Planning·Proposal·Presentation) 10가지 아이디어를 따라가다 보면 아이디어 발굴→자료수집→스토리보드까지 흐름이 잡힌다. 발표나 보고서 작성에도 그대로 써먹을 수 있어 동아리 활동·공모전 준비에 특히 유용하다. 프레임워크를 따라 실습하면 PPT 한 장도 덜 막막하다. 읽고 나면 주변의 불평을 문제정의로 바꾸는 습관이 생긴다.

《스틱》

칩 히스 외 / 웅진지식하우스 / 난이도 ★

메시지가 기억에 '달라붙게' 만드는 조건을 실험과 사례로 정리한 책이다. 단순성, 예상밖 요소, 구체성, 신뢰성, 감정, 이야기 (SUCCESs)를 체크리스트로 제시해 발표·에세이·포스터 모두에 응용 가능하다. 학교 발표, 동아리 홍보 글, 과학 보고서까지 적용해 결과가 달라짐을 체감한다. 실패 사례도 함께 보여줘, 무엇을 버려야 할지도 배운다. 왜 어떤 문장은 잊히지 않는지 분석하다 보면 내 말하기와 글쓰기를 점검하게 되고, 광고·커뮤니케이션으로 관심이 확장된다.

공상과학 소설

《마션》

앤디 위어 / 알에이치코리아 / 난이도 ★

화성에 홀로 남은 주인공이 과학 지식과 계산, 끈기로 생존해가는 과정을 따라가며 문제 해결의 모범답안을 보여준다. 책의 내용은 화성에 인류가 간 것이니 완전한 허구이지만, 한편으로 완벽하게 있을법한 일들을 엄청난 필력으로 잘 엮은 책이라 사실성도 대단하다. 전 나사 엔지니어가 쓴 책이라 책의 기술적 베이스가 매우 탄탄하다.

《프로젝트 헤일메리》
앤디 위어 / 알에이치코리아 / 난이도 ★★

태양 에너지를 빨아들이는 생명체 '아스트로파지'로 인류가 멸망 위기에 놓이자, 기억을 잃은 과학자 주인공은 타우 세티로 향한 임무 중 40에리다니의 '로키'를 만나 공생 전략을 짠다. 계산·실험·언어 발명이 퍼즐처럼 이어지며 과학의 힘과 협력의 가치를 느끼게 한다. 우주선 자원은 한정돼 선택마다 데이터를 검증하고, 독자는 추론에 동참한다. 인간과 외계인의 조우를 매우 특이한 시나리오를 통해 연출한 이야기이다.

《스노볼 1》
박소영 / 창비 / 난이도 ★

따뜻함이 특권이 된 미래, 복제인간인 주인공이 거대한 세트 '스노볼'의 실체를 깨닫고 저항한다. 제한된 자원, 계급, 정체성 문제를 온도라는 은유로 드러내 현재의 불평등과 자연스럽게 겹쳐

읽힌다. 이야기의 긴장감 속에서 시스템 비판과 개인 선택의 책임을 함께 고민하게 되고, 사회학·윤리학 토론 소재로 확장하기 좋다. 2편에서는 텐션이 좀 떨어지니 1편만 읽어도 좋겠다.

《AI 2041》
리카이푸 외 / 한빛비즈 / 난이도 ★★★

AI가 보편화된 2041년을 배경으로 보험·무기·교육·물류 등 다양한 분야의 변화를 10개의 단편으로 보여준다. 기술 그 자체보다 '누가 어떻게 쓰느냐'가 핵심임을 깨닫게 해, 양날의 검인 AI에 대한 정책·윤리·법적 시각을 키운다. 읽고 나면 편향, 실업, 안전장치 설계 같은 주제를 토론하고 싶어진다. 또한 인간의 오만함이야말로 최대 위험이라는 메시지는 경각심의 계기가 된다. 토론, 면접에서 AI관련 주제들은 앞으로 수년 이상 단골 주제가 될 것이다. 여기서 수준 높은 의제를 던지고 생각해 볼 수 있게 해준다.

나를 돌아보기

《인간관계론》
데일 카네기 / 현대지성 / 난이도 ★★

사람을 움직이는 힘이 논리보다 감정과 관심임을 수많은 사례로 보여준다. 이름을 기억하고, 신심으로 경청하고, 인정부터 하라는 기본 원칙은 학교·동아리·면접 어디서든 통한다. 이 원칙을 실천 과제로 바꾸면 하루 인사법, 감사 메시지 쓰기 등 행동이 달라진다. 심리학 실험과 사례를 비교하며 비판적으로 읽는 연습도 가능하다. 관계는 타고나는 재능이 아니라 훈련 가능한 기술이라는 확신도 준다. 시험에 미친 T들에게 F적 감성을 환기시켜 줄 수 있다.

《이방인》
알베르 카뮈 / 민음사 / 난이도 ★★

감정 표현이 서툴고 사회 규범에 무심한 뫼르소가 살인을 계기로 법정에 선다. 사건보다 '애도하지 않았다'는 이유로 단죄되는 과정을 통해 사회가 요구하는 정상성과 개인 진정성의 충돌을 본다. 실존주의의 '부조리' 개념을 체감하며, 감정 표현 기준을 사회가 정하면 어떤 일이 벌어지는지 생각하게 된다. 수학·과학에 심취한 친구들이 공부에서 잠시 물러나, 나는 어떻게 보여질까를 살짝 생각해 볼 수 있는 기회이다.

《도둑맞은 집중력》
요한 하리 / 어크로스 / 난이도 ★

집중력 저하가 개인의 의지 문제가 아니라 사회·기술 구조의 산물임을 다양한 연구로 보여준다. 멀티태스킹의 환상, 끊김 없는 알림이 사고를 어떻게 분절시키는지 알게 되면 공부 환경 설계가 달라진다. 개인의 습관 개선과 함께 제도의 변화 요구가 병행돼야 함도 강조한다. 이 책은 학생 스스로가 쇼츠나 간식 등 단기적 즐거움의 원천을 돌아보고 해결할 기회를 제공한다. 물론 뒷부분에 사회적 문제 제기도 있지만.

재밌고 도움도 되는
유튜브 채널

공학

MorleyKert @MorleyKert
엔지니어가 자신만의 작업실을 만들어가는 이야기를 로그하는 채널이다. 여러 재치 있는 프로젝트를 통해 자신의 토목공학적 재능을 발휘한다. 오피스 포드 설계, 메쉬 의자 등 프로젝트가 유명하며, 공학 및 메이킹에 이제 막 입문하는 사람들에게 추천한다.

ScottYuJan @ScottYuJan
전 구글 엔지니어가 운영하는 채널. 3D 프린터를 극한까지 활용하여 일상생활에 편리한 여러 장치들을 제작해 본다. 특히 컴퓨터/태블릿과 호환되는 프로젝트들이 유명하며, 디자인적으로도 눈여겨볼 것이 많아 이쪽으로 관심이 많은 사람들에게 추천한다.

Integza @integza

포르투갈 출신의, 눈에서 광기가 느껴지는 과학자가 운영하는 로켓 관련 채널이다. 물을 이용한 로켓, 이온 추진체, 다이슨 헤어드라이기를 이용한 로켓 제작 등 첫인상에 걸맞는 프로젝트들을 진행한다. 공학적 프로세스와 관련해서도 눈여겨볼 것이 많지만, 무엇보다 공학이라는 분야에 입문하기에 매우 좋은 입구이다. "이런 것도 가능하구나!"라고 생각하며 자신만의 상상력을 키우기 좋은 채널이다.

BPSspace @BPSspace

범상치 않은 실력의 아마추어 로켓 개발자이다. 로켓의 공학적 설계, 칩 디자인, 프로그램 개발, 테스트, 발사 전체를 본인과 소수의 팀원이 진행하며, 전체 과정을 스트리밍 혹은 영상으로 공개한다. 로켓이 날기까지에 필요한, NASA와 같은 국가 기관들에서는 잘 공개하지 않는 과정들이 면밀히 드러나 항공우주괴학의 매럭을 느끼게 해준다.

Stuff Made Here @stuffmadehere

엔지니어가 본인의 상상 속에 있는 제품들을 직접 복잡한 물리학적 원리들을 이용하여 현실로 만들어보는 채널이다. 나무로 어떤 모양이든 깎아내는 톱이나, 연필을 괴상한 모양으로 조각⁽?⁾해 주는 로봇 등 타임킬러로 눈여겨볼 만한 프로젝트들이 즐비하다. "상상→현실"이라는 영재고식 사고의 프레임워크를 얻어가기 좋다.

과학

리뷰엉이 @리뷰엉이

영화 채널이었지만 과학 채널이 되어버린 전설의 케이스. 초기에는 영화 속의 과학, 이후에는 일상 속의 과학을 재치있게 풀어나가며 대중들에게 과학의 즐거움을 전달한다.

SmarterEveryDay @smartereveryday

초고속 카메라, 공학 장비로 '왜 그럴까?'를 깊게 파고든다. 잔잔한 어조로 전혀 잔잔하지 않은 주제를 설명한다. 일상적 현상부터 로켓, 생물까지 주제가 넓어 탐구 범위를 확장시키며, 어른도 모를 내용을 이해 가능한 언어로 바꿔주는 번역자의 역할을 한다.

Steve Mould @SteveMould

TV 방송인 출신의 과학 유튜버이다. 같은 동작으로 따라도 다르게 나오는 "암살자의 찻잔(Assassin's Teapot)", 늘리면 자동으로 3D가 되는 신소재, 착시현상 등 과학의 한계를 시험한다는 말이 아깝지 않도록 다양한 분야를 알아보는 채널이다.

범준에물리다 @범준에물리다

물리학을 쉽고 재미있게 풀어 설명하며 대중과 과학을 연결하는 데 초점을 맞춘 교육 콘텐츠를 제공한다. 채널 운영자인 김범준 교수는 성균관대학교 물리학과 교수이자 통계물리학 전문가로 양자역학, 원자론, 열역학 등 복잡한 물리학 주제를 일상생활과 연관 지어 알기 쉽게 전달한다.

Veritasium @veritasium

다양한 지식 영상을 업로드한다. 그중에서도 특히 물리학과 천문학, 수학 관련 내용을 주로 다룬다. 관련 시설을 직접 찾아가 체험한 결과, 해당 분야 과학자 인터뷰, 데이터 시각화를 섞어 한 편의 미스터리 추적처럼 전개되는 점이 특징. 흡입력 있는 이야기 구조 덕에 자연스레 개념·원리를 따라가게 된다. 댓글 토론과 후속 영상으로 오개념을 짚어주는 점도 다른 채널과 차별화된다.

Kurzgesagt – In a Nutshell @kurzgesagt

빌 게이츠가 후원한 지식 애니메이션 채널. 자연과학, 사회과학 같은 과학분야를 주로 다루지만 '의식이란 무엇인가?', '외계인은 존재할까?'와 같이 철학적 요소까지 인간이 생각을 통해 탐구할 수 있는 많은 지식들을 다룬다. 화려하고 귀여운 캐릭터가 특징. 추상적인 숫자를 시각화하는 것에도 탁월하다. 최근에 한국 소멸에 대해 다루면서 다시 한번 눈길을 끌었다.

Astrum @astrumspace

우주에 관한, 그 누구에게도 물어보기에는 좀 그렇지만 모두가 궁금해하는 그런 질문들에 대한 명쾌한 해답을 제공하는 채널이다. 한 영상의 내용을 소개하자면, 최근 일본의 소행성 탐사선이 가져온 샘플에서 미생물이 발견되는 사례가 있었다. 이후 이것이 지구의 박테리아라는 사실을 밝히며, 우주 탐사에서 외계 물질의 격리의 중요성에 대해 설명한다. 이에 관해 재미있게 풀어낸 영상들은 심심할 때 보기 매우 좋다.

Advanced Tinkering @AdvancedTinkering

확실한 악센트로 미친 과학자의 인상을 풀풀 풍기는 화학 유튜버이다. 뭔가 눈에 띄는 실험이라기보다는 쇼츠 형태로, 주로 액체 질소나 방사능, 알칼리 금속과 관련된 영상들을 올린다. 여담으로 폭발은 예술임을 손수 보여주는 채널이다.

NileRed @NileRed

반 정도 상실된 미각과 대단한 정신력으로 온갖 이상한 것들을 만들며 편집자들을 괴롭히는 채널이다. 세상에서 가장 냄새나는 액체, 매운 액체, 방탄 나무, 비닐장갑으로 만든 사이다 등 상상 이상의 프로젝트들을 진행한다.(테스트는 편집자가) 영상 자체도 몇 시간 단위로 매우 길고, 내용도 하나하나 짚고 넘어가기에 화학적 지식이 어느 정도 있는 사람은 보는 것을 추천한다.

수학

3Blue1Brown @3blue1brown

스탠퍼드 수학 전공자 그랜트 샌더슨이 운영하며, 복잡한 정리·문제를 애니메이션으로 시각화해 직관적으로 이해시키는 채널이다. 참·거짓 증명보다 개념의 본질과 실제 문제 해결에 집중하고, 미적분·벡터해석은 물론 맥스웰 방정식 등 물리까지 넘나든다. 영상은 동적 그래프와 색감으로 수식의 의미를 눈앞에 펼쳐 보인다. 딥러닝, 푸리에 변환 등을 공부할 때 이 채널에서 시각화한 자료로 도움을 많이 받았다. 동영상 속 선생님도, 제자도 모두 파이(π) 캐릭터인 것이 특징.

재미/교양

codingapple @codingapple

프로그래밍 업계에 일어난 여러 가지 사건들을 재미있는 말투와 다소 오덕(?)한 예제를 들어 풀어준다. 각종 비유나 비교 등을 사용하여 이해하기 쉽게 설명해 주기 때문에 관련 지식이 부족해도 충분히 재미있게 볼 수 있다. IT 트렌드를 계속 따라갈 필요가 있거나 정보과학에 관심이 있는 친구라면 구독.

AI Warehouse @aiwarehouse

강화학습을 가장 직관적으로 보여주는 채널이다. 반복 학습을 통한 미로 탈출, 퍼즐 해결, 파쿠르 등을 단순 코드가 아닌, 우리에게 친숙한 3차원 공간에서 보여주며 정말 직관적이고, 너무나 간편한 방법으로 시청자들에게 강화학습의 아이디어를 각인시킨다. 약간의 유머는 덤.

TheBackyardScientist @TheBackyardScientist

뒷마당에서 가능한 기상천외한 실험으로 호기심을 폭발시킨다. 위험 요소를 설명하며 안전을 지키는 법도 함께 알려준다. 실패도 유쾌하게 공유해 '시도→실패→수정'의 순환을 자연스럽게 학습시키며, 초중생이 과감하게 질문하고 직접 만들어보는 적극적 태도를 갖게 한다.

chemieunyoung @chemieunyoung

한과영 교사가 졸업생 인터뷰, 한과영 이벤트 브이로그로 등을 다루는 채널이다. 실험 자체보다는 연구자의 하루, 고민, 열정을 다뤄 영과고 준비생에게 현실적인 방향성을 준다.

TheSpaceRace @TheSpaceRaceYT

우주 개발의 경쟁과 협력, 정치적 배경을 흥미로운 내러티브로 다룬다. 과학 원리보다 역사·사회 맥락을 중점적으로 설명해 기술이 사회에 미치는 영향을 통합적으로 이해하게 한다. 우주를 좋아하는 학생들이라면 인문, 사회학적으로 견해를 넓히고 싶을 때 추천한다.

번외

Emergent Garden @EmergentGarden/videos

마인크래프트와 AI를 연결해 에이전트를 훈련하고 논문까지 발표한 프로젝트를 다룬다. 게임을 실험 플랫폼으로 활용하는 방법을 보여주어, 학생들이 취미와 연구를 연결하는 창의적 방법을 배울 수 있다.

대치동 이선생의
싸우지 않고 영재고 보내기

초판 인쇄	2025년 9월 23일
초판 발행	2025년 9월 26일
지은이	이의균
발행인	조현수
펴낸곳	도서출판 프로방스
기획	조영재
마케팅	최문섭
편집	문영윤
주소	경기도 파주시 광인사길 68, 201-4호(문발동)
전화	031-942-5366
팩스	031-942-5368
이메일	provence70@naver.com
등록번호	제2016-000126호
등록	2016년 06월 23일

정가 18,000원
ISBN 979-11-6480-397-2 (13370)

파본은 구입처나 본사에서 교환해드립니다.